T0110040

Printed in the United States
By Bookmasters

مدخل إلى
عِلْم اللُّغَةِ

الدكتور محمد علي الخولي
طبعة 2000م

الناشر: دار الفلاح للنشر والتوزيع

ص.ب 818

صويلح 11910

الأردن

هاتف وفاكس 5411547 - 009626

410

محم محمد علي الخولي

علم اللغة/ محمد علي الخولي. عمان:

دار الفلاح والتوزيع، 1993م.

(220) ص

ر. أ (1993/12/1346)

1- اللغة العربية   أ- العنوان

(تمت الفهرسة من قبل المكتبة الوطنية)

- رقم الإجازة المتسلسل 1993/12/949

- رقم الإيداع لدى مديرية المكتبات والوثائق الوطنية
1993/12/1346

- رقم الإجازة المتسلسل 1993/12/949

- رقم الإيداع لدى مديرية المكتبات والوثائق الوطنية
1993/12/6431

الناشر: دار الفلاح للنشر والتوزيع

ص. ب 818

صويلح 11910

الأردن

هاتف وفاكس 5411547 - 009626

* تطلب جميع كتب الدكتور محمد علي الخولي من دار الفلاح للنشر والتوزيع.

بسم الله الرحمن الرحيم
تقديم

هذا الكتاب قصدت منه أن يكون مدخلاً إلى علم اللغة. ولذلك جاء موجزاً في عرضه للموضوعات. ولو أريد التفصيل لاحتجنا إلى كتاب كامل لعرض موضوع كل فصل من فصول الكتاب. ولكن للإيجاز مكانه وللإطناب مكانه، كما يقال. وهذا الكتاب يناسبه الإيجاز لكونه مقدمة إلى علم اللغة.

ولقد بدأت الكتاب بفصل تمهيدي يتناول طبيعة اللغة بشكل عام وخصائصها وأنواعها ووظائفها وعمومياتها وخصوصياتها وأقسام علم اللغة. ولقد اشتمل الكتاب على تعريف بالعديد من فروع علم اللغة النظري وعلم اللغة التطبيقي.

فجاء الفصل الثاني يتناول علم الأصوات والفصل الثالث يتناول قوانين النظام الصوتي (أي علم الفونيمات). وجاء الفصل الرابع عن علم الصرف والفصل الخامس عن علم النحو والفصل السادس عن علم الدلالة والفصل السابع عن نشأة اللغة وفصائلها وما يطرأ عليها من تغيرات. وهذه كلها من فروع علم اللغة النظري.

وجاء الفصل الثامن عن اللغة والمجتمع، أي عن مجال علم اللغة الاجتماعي. وتناول الفصل التاسع الكتابة. وجاء الفصل العاشر يتناول اكتساب اللغة، أي مجال علم اللغة النفسي.

وبعد كل فصل، أوردت مجموعة من الأسئلة المباشرة التي يجد الطالب جوابها في مادة الكتاب ومجموعة من الأسئلة غير المباشرة التي تتطلب بحثاً أو تفكيراً مستقلاً. كما أوردتُ مع الأسئلة تمارين تتطلب تطبيقاً للمعلومات الواردة في الفصل.

آمل أن يكون هذا الكتاب ذا نفع لطلاب علم اللغة وطلاب اللغات عموماً في الجامعات العربية وأني كون ذا نفع لكل من أراد الاستزادة من المعرفة في مجال العلوم اللغوية.

والله هو المستعان

والحمد لله

المؤلف

الدكتور محمد علي عبد الكريم الخولي

عمّان - الأردن

المحتويات

الفصل الأول
طبيعة اللغة

تعريف اللغة:

يمكن تقديم تعريفات عديدة للغة:

1- اللغة نظام اتصال بين طرفين.

2- اللغة نظام لتبادل المشاعر والأفكار بين الناس.

3- اللغة وسيلة للتعبير عن الحاجات والآراء والحقائق بين الناس.

4- اللغة نظام اعتباطي لرموز صوتية تستخدم لتبادل الأفكار والمشاعر بين أعضاء جماعة لغوية متجانسة.

إذا دققنا في التعريف الأول نجد أن إشارات المرور (حمراء وخضراء وصفراء) تدخل ضمن مصطلح اللغة بمقتضى هذا التعريف. فهي نظام اتصال بين الإشارة والسائق: اللون الأحمر يعني قف، واللون الأخضر يعني سر، واللون الأصفر يعني انتبه واستعد للوقوف.

وإذا نظرنا في التعريف الثاني نرى أن إشارات الصم والبكم تدخل ضمن مصطلح اللغة، لأن إشاراتهم تنقل المشاعر والأفكار. ولكن تلك الإشارات لا يراد لها أن تدخل ضمن مصطلح اللغة المقصود في مجال علم اللغة. وكذلك نرى قصوراً في التعريف الثالث، إذ يمكن أن تدخل إشارات الصم والبكم ضمن مصطلح "اللغة" بموجب هذا التعريف. أما التعريف الرابع فإنه يحمل المتضمنات الآتية:

1. اللغة نظام. إن اللغة سلسلة من العلاقات المنظمة التي تخضع لقوانين والتي

يمكن التنبؤ بها وتقعيدها. ولذلك هناك عدة أنظمة تحكم اللغة: نظام صوتي ونظام صرفي ونظام نحوي ونظام دلالي.

2. نظام اللغة اعتباطي. في اللغة العربية، على سبيل المثال، الفاعل مرفوع. ولكن لا يوجد سبب يجعل الفاعل مرفوعاً على وجه التحديد. كان يمكن أن يكون الفاعل منصوباً لو اتفق أهل اللغة على نصبه. إذاً اللغة اتفاقية. وهذا هو المقصود باعتباطية النظام اللغوي.

3. اللغة أصوات أساساً. بالطبع إن للغة شكلاً كتابياً. ولكن أساس اللغة أصوات منطوقة لا حروف منظورة. كما أن الكتابة تعبِّر عن الكلام تعبيراً جزئياً.

4. اللغة رموز. إن كلمة (كرسي) ليست كرسياً، بل هي رمز يدل على الشيء الذي نسميه (كرسياً). إن اللغة نظام ترميز على السامع فك رموزه المسموعة وعلى القارئ فك رموزه المكتوبة.

5. اللغة لنقل المشاعر والأفكار. عندما نتكلم لا ننقل الأفكار فقط، بل كثيراً ما نتكلم بقصد نقل مشاعرنا عبر التحيات والمجاملات. ولهذا، فإن للغة دوراً اجتماعياً عاطفياً بالإضافة إلى دورها الفكري الإعلامي.

وهكذا، إن مجال علم اللغة هو اللغة حسب التعريف الرابع. وبذلك تخرج من دائرة علم اللغة لغة الإشارات ولغة الصم والبكم ولغة الدخان ولغة الطبول ولغات الحيوانات ولغة النحل ولغة النمل الدلافين ولغة الحيتان وسواها من اللغات. بالرغم من متعة دراسة هذه اللغات إلا أنها لا تقع في دائرة علم اللغة.

أنواع اللغة

ذكرنا أن اللغة أساساً صوتية، أي هي كلام بالدرجة الأولى. مما يعزز صوتية اللغة ما يلي:

1. تاريخياً تكلم الإنسان مئات أو آلاف السنين قبل أن ظهرت الأنظمة

الكتابية، لقد كان هناك كلام ولم تكن هناك كتابة على مدى قرون عديدة.

2. كل منا يتكلم اللغة لمدة خمس سنوات أو ست قبل أن يذهب إلى المدرسة حيث يتعلم كتابة اللغة.

3. ملايين الأميين من الناس في كل مكان في الماضي والحاضر يتكلمون لغتهم ولا يعرفون كتابتها ولا قراءتها.

4. حتى الذين يعرفون كتابة اللغة لا يمارسون الكتابة إلا بنسبة بسيطة إذا قورنت ساعات كتابتهم بساعات كلامهم. فنحن نتكلم كل ساعة وكل يوم. ولكننا لا نكتب كل ساعة وكل يوم. بل إن كثيراً ممن يعرفون الكتابة لا يكتبون واقعياً. ولكن جميع الذين يقدرون على الكلام يتكلمون دون انقطاع.

جميع ما سبق يعزز القول بصوتية اللغة. ورغم ذلك، فإنه من الممكن أن نفرز بعض الأنواع اللغوية:

1. اللغة المكتوبة: وهي طريقة لتدوين اللغة الصوتية (أي الكلام). ولكن الكتابة لا تمثل الكلام تمثيلاً وافياً. فالكتابة لا تنقل تنغيم الكلام ولا نبراته ولا المشاعر المصاحبة. فالغضب أو الحزن أو العتاب أو الرقة أو الخشونة لا تظهر في الكتابة بالدرجة ذاتها التي تظهر في الكلام.

2. اللغة المصاحبة: وهي حركات بعض أعضاء الجسم التي تصاحب الكلام وقد تحل محله أحياناً. مثال ذلك حركات اليدين والأصابع والعينين والرأس. وهذه تختلف من لغة إلى أخرى ومن شعب إلى آخر. وهي مجال دراسة ممتعة لمن شاء.

3. اللغة الصامتة: وهي بالطبع تقع خارج نطاق علم اللغة. ولكنها تدخل في مجال دراسة نظام الاتصال. وكما يقال "إن عدم الجواب جواب"، فإن "عدم الكلام كلام"، أي إن الامتناع عن الكلام في بعض الحالات له مدلول اتصالي معادل للكلام.

وظائف اللغة:

لنعرف وظائف اللغة بالضبط، علينا أن نتخيل حياتنا دون لغة. كيف يمكن أن نعيش لو لم تكن لدينا نحن البشر لغة؟ إن وظائف اللغة تشمل حياتنا كلها:

1. باللغة ننقل الأفكار والمعلومات والحقائق والعلوم من عصر إلى عصر ومن مكان إلى مكان ومن جيل إلى جيل ومن شعب إلى شعب. فلولا اللغة لما كان هناك تعليم ولما كانت هناك علوم.

2. باللغة نكتب الكتب والقصص والمسرحيات والشعر والنثر. لولا اللغة لما كانت هناك كتب ولا مكتبات ولا مجلات ولا جرائد ولا موسوعات ولا معاجم.

3. باللغة ننقل مشاعرنا إلى الآخرين.

4. باللغة ندعو إلى المعروف وننهي عن المنكر.

5. باللغة نعبر عن حاجاتنا ونطالب بحقوقنا ونعبر عن آرائنا وموافقتنا أو اعتراضنا.

6. باللغة نغني وبها نعد. فلولا اللغة لما كان هناك غناء ولا جبر ولا حساب. باختصار اللغة هي الحياة.

مستويات اللغة:

إذا حللنا اللغة نجد أنها تتكون من مستويات:

1. المستوى الصوتي: ويتكون من الأصوات وهي أصغر الوحدات اللغوية مثل / س /، / ص /، / ب /. في الفيزياء، يقولون إذا حللنا المادة نصل إلى الجزيء؛ وإذا حللنا الجزيء نصل إلى الذرة؛ وإذا حللنا الـذرة

نصل إلى الإلكترونات والبروتونات والنيوترونات. وهكذا شأن اللغة: أصغر وحدة فيها هي الصوت. وأدنى مستوياتها هي المستوى الصوتي.

2. المستوى الصرفي: إذا تجمعت الأصوات تتكون الوحدات الصرفية. والوحدة الصرفية هي أصغر وحدة لغوية ذات معنى. (ألْ) التعريف وحدة صرفية لأن لها معنى. الوحدة الصرفية تسمى أيضاً (مورفيم) أو (صَرْفيم).

3. المستوى الدلالي. إذا تجمعت المورفيمات تتكون منها كلمات. الكلمة لها دلالة واستعمال. هنا نصل إلى المستوى الدلالي للغة.

4. المستوى النحوي. إذا تجمعت الكلمات وفق نظام محدد تتكون الجملة. وهنا نصل إلى المستوى النحوي للغة.

المستوى الصوتي هو مجال بحث علم الأصوات. والمستوى الصرفي هو مجال بحث علم الصرف. والمستوى الدلالي هو مجال بحث علم الدلالة (أو علم المعاني). والمستوى النحوي هو مجال بحث علم النحو.

هَرَمِيَّةُ اللغة:

اللغة نظام متكامل يتسلسل على نحو هرمي ويتدرج من الوحدات الصغرى إلى الوحدات الكبرى:

1. الصوت. أصغر وحدة لغوية هي الصوت. لا يوجد في اللغة ما هو أصغر من الصوت. مثلاً / ب /، / ت /، / خ /، / ل /.

2. المقطع. من الأصوات نبني المقطع. مثلاً (سا)، (لَوْ)، (نَ).

3. المورفيم. من المقاطع نبني المورفيم. مثلاً (أل) مورفيم يدل على التعريف ويتكون من مقطع واحد. (معلِّمْ) مورفيم يتكون من ثلاثة مقاطع. (ون) مورفيم يدل على الجمع ويتكون من مقطع واحد.

4. الكلمة. من المورفيمات نبني الكلمة حسب نظام معين. مثلاً كلمة (المعلمون) تتكون من المورفيمات الثلاثة: أل + معلم + ون.

5. الجملة. من الكلمات نبني الجملة.

6. الفقرة. من الجمل نبنبي الفقرة.

7. المقال. من الفقرات نبني المقال.

إذا دققنا النظر في بناء اللغة، نجد أنه بناء رائع دقيق يوفر لنا درجة عالية من الإبداعية والمرونة والتنويع. فالأصوات تتوالى لتكوين المقطع حسب نظامك محدد. والمقاطع تتوالى حسب نظام لتكوين المورفيم. والمورفيمات تتوالى حسب نظام لتكيون الكلمة. والكلمات تتوالى حسب نظام لتكوين الجملة. والجمل تتوالى حسب نظام لتكوين الفقرة. والفقرات تتوالى حسب نظام لتكوين المقال.

معرفة اللغة:

إن معرفة اللغة تعني معرفة أربع مهارات هي:

1. مهارة الاستماع: أن نفهم ما نسمع. وهي أول مهارة لغوية تنشأ عند الطفل. فهو يستمع قبل أن يتكلم وقبل أن يكتب أو يقرأ.

2. مهارة الكلام: أن نتكلم اللغة. وهي مهارة تتبع مهارة الاستماع زمنياً. فالطفل يستمع ويستمع، ثم يحاول البدء بالكلام.

3. مهارة القراءة: أن نقرأ الرموز اللغوية المكتوبة ونفهمها.

4. مهارة الكتابة: أن نعبِّر عن أنفسنا بالحروف المكتوبة.

ويمكن تصنيف مهارات اللغة إلى نوعين:

1. مهارات استقبالية: نستقبل بالأذن ما قاله الآخرون (وهذه مهارة الاستماع). ونستقبل بالعين ما كتبه الآخرون (وهذه مهارة القراءة). ويدعوها البعض مهارات سلبية.

2. مهارات إنتاجية أو تعبيرية. ويدعوها البعض مهارات نشيطة. نعبِّر عن أنفسنا صوتياً (وهذه مهارة الكلام). ونعبر عن أنفسنا كتابة (وهذه مهارة الكتابة).

وتوجد هذه المهارات لدى الناس بدرجات متفاوتة:

1. البعض يتقنون المهارات الأربع.
2. البعض لا يستطيعون أن يستمعوا لأنهم لا يسمعون.
3. البعض لا يستطيعون أن يتكلموا لأنهم بُكم.
4. البعض لا يستطيعون القراءة لأنهم لم يتعلموها.
5. البعض لا يستطيعون الكتابة لأنهم لم يتعلموها.
6. يتفاوت القادرون على القراءة في مقدرتهم القرائية سرعة واستيعاباً.
7. يتفاوت القادرون على الكتابة في مقدرتهم الكتابية إملاءً وترتيباً وتأثيراً.
8. يتفاوتا القادرون على الكلام في مقدرتهم الكلامية تنظيماً وتأثيراً ومحتوىً.
9. يتفاوت القادرون على الاستماع في مقدرتهم الاستماعية سرعة واستيعاباً.

لهجات اللغة:

كل لغة تظهر على أرض الواقع على شكل لهجات. فلا توجد لغة بلا لهجات. وسبب اللهجات يرجع إلى انتشار اللغة مكانياً (عبر البلاد) وانتشارها زمنياً (عبر القرون) وانتشارها سكانياً (عبر ملايين من الناس). اللغة يتكلمها ملايين الناس، بل مئات الملايين. فليس من المعقول أني يتكلمها الملايين بطريقة واحدة. ويعيش الناس عبر مساحات شاسعة واسعة وعبر مئات السنين. فليس من المتوقع ألا يؤثر فيهم الزمان والمكان. ومن هنا تنشأ اللهجات. وهي باختصار تتنوع على الوجوه التالية:

1. لهجات جغرافية. اللغة الواحدة تظهر على شكل لهجات جغرافية أو إقليمية. فلهجة أهل المغرب غير لهجة أهل العراق وغير لهجة أهل السودان. بل تجد لهجات ضمن العراق أو المغرب أو السودان.

2. لهجات اجتماعية. في كل مجتمع تجد لهجة المتعلمين تختلف عن لهجة غير المتعلمين. هناك في كل لغة لهجات تدل على المستوى الثقافي والاقتصادي للمتكلم.

3. اللهجة الفصيحة. في كل لغة تجد لهجة فصيحة تظهر في نشرة الأخبار، في الخطب الرسمية، في المحاضرات الجامعية.

4. اللهجة العامية. في كل لغة تجد لهجة بل لهجات عامية. وهي اللهجة الدارجة في البيت والسوق والتعامل العادي اليومي.

5. اللهجة الفردية. كل واحد منا يتكلم اللغة بطريقته الخاصة. هناك ميزات صوتية ولهجية خاصة لكل واحد منا تجعله مختلفاً عن الآخرين. الدليل على ذلك أنك قد تعرف هوية المتكلم دون أن تراه استناداً إلى ميزات صوته فقط. إذا كان أهل لغة ما مئة مليون فهناك مئة مليون لهجة فردية في وقت واحد.

توليدية اللغة:

اللغة ذات صفة توليدية. كم جملة تقول أنتَ في اليوم الواحد؟ قد يتراوح العدد من مئة إلى ألف جملة حسب طبيعة عملك وحسب طبيعة ذلك اليوم. وكم يوماً تتكلم؟ آلاف الأيام حسب طول عمرك. وكم شخصاً مثلك يتكلم؟ ملايين الناس أو مئات الملايين حسب عدد الناطقين بلغتك. إذاً كم جملة في اللغة العربية تُنْطق يومياً؟ آلاف الملايين من الجمل. ولكن الغريب في الأمر أن هذه الجمل ليست هي التي نقولها كل يوم أو نسمعها كل يوم. بعضها بالطبع يتكرر، ولكن بعضها جديد نقوله لأول مرة أو نسمعه لأول مرة. هذه هي توليدية اللغة.

اللغة كائن يعبر عن نفسه بطرق جديدة في كل لحظة. هناك جمل جديدة تقال لأول مرة في كل لحظة على لسان أحد الناطقين باللغة العربية (على سبيل المثال) أو بأية لغة أخرى. تقال جمل جديدة جدتها في معناها أو مبناها أو طولها أو مفرداتها.

أصوات اللغة العربية معروفة محدودة. صيغها الصرفية معروفة محدودة. كلماتها كثيرة ولكنها محدودة معروفة يمكن حصرها. القوالب النحوية معروفة محدودة. ولكن جمل اللغة لا يمكن حصرها ولا عدّها لأنها تتجدد كل لحظة. إن عدد جمل اللغة لا نهائي.

إن توليدية اللغة لا تعني فقط إنشاء جمل جديدة تكرارية لما سبق، بل إنشاء جمل جديدة في معناها أو جديدة في مبناها. توليدية اللغة تعني لا نهائية جملها من حي تعدد المعاني وتعدد المباني. التوليدية تتضمن لا نهائية المعاني وتتضمن لا نهائية المباني الناشئة من لا نهائية الجمل.

القدرة اللغوية والأداء اللغوي:

القدرة اللغوية مقدرة معرفية يتمتع بها الفرد فيما يخص لغة ما. وتنشأ القدرة من أمرين: فطرية اللغة والخبرة اللغوية. فالإنسان مفطور على قدرة تعلم لغة ما. ولكن هذه الفطرة لا تكفي إذا لم يتعرض الطفل لخبرات لغوية معينة. بالفطرة (التي هي الاستعداد لتعلم اللغة) وبالخبرة تنشأ لدى الطفل قدرة لغوية خاصة به. والخبرة وحدها لا تكفي، بدليل أن الحيوانات التي تسمع اللغة لا تتعلمها، لأنها غير مفطورة لغوياً، أي ليس لها الاستعداد الفطري لذلك. كما ذكرنا، المعادلة هي كالآتي: فطرة لغوية + خبرة لغوية ← قدرة لغوية.

ولكن القدرة اللغوية هي ما يتخزن في الدماغ من أصوات ومقاطع ومورفيمات ولكمات ومعانٍ وقوانين صوتية وقوانين صرفية وقوانين نحوية

وقوانين دلالية وجمل وأمثال وأشعار ومعلومات. القدرة اللغوية هي رصيد مخزون في الدماغ. هذا الرصيد تكون بفعل العوامل الآتية:

1. الفطرة اللغوية. وهي الاستعداد الذي فطر الله الناس عليه من أجل أن يقدروا ويرغبوا في تعلم اللغة.

2. الخبرة اللغوية. وهي الناتجة عن استقبال الفرد للغة عن طريق السمع أساساً، ثم عن طريق القراءة فيما بعد. هي المدخلات إلى الدماغ.

3. العمليات العقلية. بما أن الإنسان كائن ذكي وإبداعي، فإنه لا يكتفي بالاستقبال فقط. بل يبدأ الدماغ بتحليل وتركيب المادة اللغوية بقصد الوصول إلى استنتاجات، تعميمات، قواعد، أنظمة، وخلاصات.

بالفطرة والخبرة والعمليات العقلية تتكون القدرة اللغوية لكل واحد منا. بعد ذلك، يأتي الأداء اللغوي على شكل كلام أو كتابة. لا تظهر القدرة اللغوية إلاّ عن طريق الأداء اللغوي. والأداء يختلف من فرد إلى آخر باختلاف القدرة، لأن الأداء تعبير عن القدرة. القدرة عقلية كامنة والأداء لساني أو كتابي ظاهر. وهناك علوم تبحث في القدرة اللغوية، وهناك علوم تبحث في الأداء اللغوي.

العموميات اللغوية:

هناك المئات بل الآلاف من اللغات في العالم. ورغم أن لكل لغة خصوصياتها، إلاّ أن بينها عوامل مشتركة تدعى العموميات اللغوية. مثال ذلك:

1. جميع اللغات تستعمل أفعالاً.

2. جميع اللغات فيها أسماء وضمائر.

3. جميع اللغات فيها صفات.

4. جميع اللغات فيها ظروف زمان وظروف مكان.

5. جميع اللغات فيها حروف عطف وحروف جر.
6. جميع اللغات فيها مفعول به.

تلك أمثلة من العموميات النحوية. وهناك عموميات أخرى مثل:

1. جميع اللغات فيها أصوات كوحدات أولية.
2. جميع اللغات فيها مقاطع ومورفيمات وكلمات وجمل.
3. جميع اللغات هرمية التكوين.
4. جميع اللغات فيها لهجات متنوعة.

الخصوصيات اللغوية:

رغم وجود عموميات لغوية مشتركة بين جميع اللغات، إلا أن لكل لغة خصوصيات تميزها عن غيرها. مثال ذلك:

1. تمتاز كل لغة بعدد محدد من الأصوات اللغوية. بعض اللغات تحتوي على ستة أصوات علة وبعضها يحتوي على ثلاثة وبعضها يحتوي على اثني عشر صوت علة. بعض اللغات تحتوي على خمسة وعشرين صوتاً صحيحاً (صوتاً صامتاً) وبعضها يحتوي على ثمانية وعشرين أو أكثر أو أقل.

2. تمتاز كل لغة عن سواها بأصوات خاصة. مثلاً العربية فيها /ض/، /ح/، /خ/، /ع/، وهذه ليست موجودة في الإنجليزية. اللغة الإنجليزية فيها الأصوات /c/ كما في أول كلمة chair والصوت /o/ مثل آخر كلمة sing، وهما صوتان غير موجودين في العربية.

3. تمتاز كل لغة عن سواها بعدد خاص من حروف النظام الكتابي وبحروف قد لا تكون موجودة في الأنظمة الكتابية الأخرى. مثال ذلك الرموز الألفبائية العربية التي تختلف عن الرموز الألفبائية الإنجليزية والرموز الصينية.

4. تمتاز كل لغة عن سواها بنظام صرفي خاص. فما يجوز في لغة قد لا يجوز في لغة أخرى. مثال ذلك تكوين الجمع في اللغة العربية غير تكوين الجمع في اللغة الإنجليزية.

5. تمتاز كل لغة عن سواها بنظام نحوي خاص. مثلاً يجوز في العربية أن يسبق الفعل الفاعل، ولكن هذا لا يجوز في الإنجليزية.

6. تمتاز كل لغة عن سواها بمفردات قد لا تجد مرادفاً لها في اللغات الأخرى بسبب عوامل ثقافية أو فلسفية مرتبطة بحياة أهل تلك اللغة.

وهكذا نرى أن لكل لغة خصائص تميزها عن سواها من اللغات ندعوها خصوصيات اللغة. وهناك عموميات لغوية تشترك فيها جميع لغات البشر. وهناك من الأبحاث اللغوية ما يهتم بالخصوصيات اللغوية ومنها ما يهتم بالعموميات اللغوية.

خصائص اللغة:

إن للغة خصائص عامة منها:

1. اللغة بشرية. اللغة نعمة أنعم بها الله على عباده البشر. بها يتفاهمون ويتواصلون ويتبادلون المشاعر والأفكار والآراء والمعلومات. وهي الوسيلة الجوهرية لإتمام عمليات التربية والتعليم والتدريس. وهي الوسيلة الجوهرية لإقامة صحافة أو إذاعة أو تلفزة.

2. اللغة صوتية أساساً. اللغة لسان أساساً. اللغة شكل منطوق مسموع. أما الشكل المكتوب المقروء فهو شكل ثانوي من أشكال اللغة وهو تمثيل ناقص للشكل المنطوق المسموع.

3. اللغة تنمو مفرداتياً. مفردات اللغة تنمو مع نمو خبرات الناطقين بها. الاكتشافات الجديدة والاختراعات الجديدة توجب إضافة مفردات جديدة للغة. أهل اللغة هم الذين يثرون لغتهم مفرداتياً. إذا نام أهل اللغة نامت لغتهم معهم، وإذا نشط أهلها (في علومهم واختراعاتهم) نشطت لغتهم معهم. وليس صحيحاً أن يتهم أحد لغة ما بأنها تعرقل التقدم العلمي. فهذا من باب الهروب أو التبرير أو البحث عن كبش فداء. أهل اللغة هم المسؤولون عن تطويرها وليست هي المسؤولة عن تطويرهم.

4. اللغة لا تنمو نحوياً. إذا كانت مفردات اللغة تنمو فإن نحو اللغة لا ينمو، ولكنه قد يتغير. ما كان يسمح به قبل قرون قد لا يسمح به الآن والعكس صحيح. القوالب النحوية لا يزيد عددها لأنها غير قابلة للنمو.

5. اللغة لا نهائية في جملها. عدد الجمل التي يمكن أن تقال في لغة ما لا نهائي. هناك ملايين الجمل القديمة والجديدة تقال في كل ثانية في لغة ما.

6. اللغة نظامية. اللغة تخضع لقوانين وأحكام وأنظمة في المستوى الصوتي. الأصوات تتجمع وفقاً لنظام صوتي محدد في لغة ما. المقاطع تتجمع وفقاً لنظام مقطعي محدد. المورفيمات تتجمع وفقاً لنظام صرفي محدد. الكلمات تتجمع وفقاً لنظام نحوي محدد ونظام دلالي محدد. هذه الأنظمة قابلة للدراسة والمراقبة والمتابعة.

7. اللغة الكلامية تصاحبها لغة حركية في العادة. العين تكبر وتصغر وتحدِّق وتغضب في أثناء الكلام. تعابير الوجه تنقبض وتنبسط. اليد تتحرك. الأصابع تتحرك. الرأس يتحرك. لغة الكلام تواكبها لغة حركية مصاحبة.

8. اللغة تتأثر بالسياق الاجتماعي الآني. عند الكلام يتأثر المتكلم بعلاقته مع المستمع وردود فعل المستمع. فكلام المرء مع صديقه غير كلامه مع رئيسه، غير كلامه مع زوجته، غير كلامه مع ابنه. السياق الاجتماعي يؤثر في المستويات اللغوية المختلفة. وهذا مجال خصب للدراسة والبحث أيضاً.

عِلْم اللغة:

إن موضوع هذا الكتاب هو علم اللغة. ولكن قبل البحث في علم اللغة أردنا في هذا الفصل أن نعرف القارئ باللغة ذاتها التي هي الموضوع الذي يبحثه علم اللغة. وببساطة واضحة، كما أن علم الأرض هو العلم الذي يبحث في الأرض، وعلم الفضاء هو العلم الذي يبحث في الفضاء، فإن علم اللغة هو العلم الذي يبحث في اللغة في مستوياتها المختلفة وفي جوانبها المختلفة.

ويمكن تقسيم علم اللغة إلى فرعين رئيسيين هما علم اللغة النظري وعلم اللغة التطبيقي. أما علم اللغة النظري فإنه ينقسم إلى الفروع الآتية:

1. علم الأصوات اللغوية. وهو علم يبحث في إنتاج أصوات اللغة وانتقالها من المتكلم إلى السامع. كما يبحث في إدراك السامع لهذه الأصوات.

2. علم الفونيمات. وهو علم يبحث في وظائف الأصوات اللغوية وتوزيعها وتنوعاتها وقوانين تتابعها في الكلام.

3. علم تاريخ اللغة. وهو يبحث في نشأة اللغة والعائلات اللغوية وتطور اللغة عبر القرون والعلاقات بين اللغات.

4. علم الصرف. وهو يبحث في أصغر الوحدات اللغوية ذات المعنى (أي في المورفيمات) وقوانين تتابعها ضمن النظام الصرفي. وهو بذلك يبحث في البناء الصرفي للكلمات.

5. علم النحو. وهو يبحث في القوانين التي تحكم بناء الجملة ونظام تتابع الكلمات في شبه الجملة والجُمَيْلَة والجملة. والمقصود بالجُمَيْلة الجملة التابعة ضمن جملة رئيسية.

6. علم الدلالة. وهو علم يبحث في معاني الكلمات والعلاقات بين هذه المعاني وتطور هذه المعاني.

7. علم اللغة المقارن. وهو يبحث في أوجه الشبه وأوجه الاختلاف بين لغتين من ناحية صوتية أو صرفية أو دلالية أو نحوية أو سواها.

وأما علم اللغة التطبيقي فينقسم إلى الفروع الآتية:

1. تعليم اللغات. وهو فرع يبحث في أفضل الأساليب لتعليم اللغة الأولى واللغة الثانية واللغة الأجنبية.

2. الاختبارات اللغوية. وهو فرع يبحث في تصميم الاختبارات للمهارات اللغوية الرئيسية وللمهارات الفرعية. كما يبحث في تقنين هذه الاختبارات ودلالاتها.

3. المختبرات اللغوية. وهو فرع يبحث في أنواع المختبرات اللغوية ومزايا كل نوع وحدوده، وفي كيفية الاستفادة من المختبرات في تعليم اللغات.

4. علم اللغة النفسي. وهو يبحث في اكتساب الطفل للغة الأولى وفي تعلم اللغة الأجنبية وتعلم اللغة الثانية وتأثير اللغة الأولى في الثانية وتأثير الثانية في الأولى. كما يبحث في الوظائف الدماغية اللغوية وفي النمو اللغوي وخصائصه ومراحله.

5. علم اللغة الاجتماعي. وهو يبحث في اللغة من ناحية مجتمعية أو من ناحية سياسية. كما يبحث في اللهجات وأنواعها وأسبابها. كما يبحث في المشكلات اللغوية على الصعيد الاجتماعي والسياسي.

6. علم الترجمة. وهو يبحث في أصول الترجمة وقواعدها ومشكلاتها. كما يبحث في الترجمة الآلية، أي الترجمة بالاستعانة بالحاسب الآلي أو الحاسوب.

7. علم صناعة المعاجم. وهو يبحث في صناعة المعاجم العامة والمتخصصة.

8. علم اللغة الآلي. يبحث في استخدام الحاسوب لإنتاج اللغة وتحليلها وإحصائها وترجمتها وتخزينها.

بالطبع هناك فروع أخرى لعلم اللغة وهناك فروع للفروع. وسنحاول في هذا الكتاب تعريف القارئ بمعظم جوانب علم اللغة. ولا بد أن نذكر أن علم اللغة، من ناحية أخرى، ينقسم إلى قسمين أساسيين هما:

أ) علم اللغة العام. وهو يبحث في اللغات بشكل عام دون التركيز على لغة محددة.

ب) علم اللغة الخاص. وهو يبحث في لغة محددة، مثلاً علم اللغة العربية أو علم اللغة الإنجليزية.

وفي الواقع إن معظم فروع علم اللغة يمكن أن نتناولها من عدة منظورات:

1. المنظور الوصفي. نصف اللغة كما هي الآن، إذ نصف أصواتها أو نحوها أو صرفها أو مفرداتها أو دلالاتها أو أي جانب منها. ولذلك يمكن أن يكون لدينا علم النحو الوصفي، علم الصرف الوصفي، علم الأصوات الوصفي، علم الدلالة الوصفي وهكذا.

2. المنظور التاريخي. هنا يتتبع الباحث جانباً لغوياً ما عبر السنين والقرون. كيف تطورت لهجة ما، أو الأصوات أو القواعد أو المعاني أو الدلالات للغة ما؟ ولذلك يمكن أن يكون لدينا علم الأصوات التاريخي، علم الصرف التاريخي، علم النحو التاريخي، علم الدلالة التاريخي ... الخ.

3. المنظور المقارن. هنا يقارن الباحث لغة ما بلغة أو لغات أخرى من ناحية صوتية أو صرفية أو دلالية أو نحوية ... الخ. وبذلك يكون لدينا علم الأصوات المقارن، علم الصرف المقارن، علم النحو المقارن ... إلى غير ذلك.

4. المنظور العام. هنا يعالج الباحث اللغة كسلوك بشري. يريد التوصل إلى تعميمات تنطبق على اللغات عامة دون التركيز على لغة معينة.

ولذا يكون لدينا علم الأصوات العام، علم الصرف العام، علم النحو العام ... الخ.

لا بد من التذكير بأن موضوع هذا الكتاب هو علم اللغة العام. ولكن لا بد من ذكر لغات محددة يحتاجها المرء إذا أراد أن يعطي أمثلة. فالأمثلة لا بد أن تنتمي إلى لغة ما. وستكون معظم الأمثلة في هذا الكتاب من اللغة العربية لأن الكتاب ذاته مكتوب بهذه اللغة ولأن القارئ يعرفها لغة أولى. وقد يُحتاج إلى ضرب أمثلة من لغة أخرى يعرفها معظم القراء، ألا وهي اللغة الإنجليزية.

أسئلة وتمارين

1. نعرّف اللغة على أنها نظام اعتباطي. هل يوجد تناقض بين مصطلح "نظام" ومصطلح "اعتباطي"؟ اشرح هذه المسألة.

2. "اللغة أساساً كلام وليست كتابة". ما هي الأدلة على صدق هذه المقولة؟ هل هناك أدلة معارضة لها؟

3. ما المقصود بهرمية اللغة؟ طبق الهرمية على اللغة العربية عبر أمثلة.

4. يختلف الناس في مدى معرفتهم للمهارات اللغوية الأربع. ارسم جدولاً يبين الاحتمالات المختلفة لحالات مختلفة من الأفراد.

5. أعط أمثلة من اللغة العربية تبين فيها تنوع لهجاتها.

6. ما معنى توليدية اللغة؟

7. ما الفرق بين القدرة اللغوية والأداء اللغوي؟

8. اذكر بعض العموميات اللغوية المشتركة بين العربية والإنجليزية أو بين العربية وأية لغة أخرى تعرفها.

9. اذكر بعض خصوصيات العربية أو أية لغة أخرى.

10. ما هي المصطلحات الرئيسة التي وردت في هذا الفصل؟ اكتب قائمة بها وتعريفاً لكل مصطلح.

11. ضع مقابل كل مصطلح ورد في إجابة السؤال السابق مرادفه في اللغة الإنجليزية.

الفصل الثاني
علم الأصوات

تعريف علم الأصوات:

علم الأصوات علم يبحث في أصوات اللغة من حيث إنتاجها ومن حيث انتقالها ومن حيث إدراكها. ويدعى العلم الذي يبحث في إنتاج الأصوات اللغوية علم الأصوات النطقي. وأما العلم الذي يبحث في انتقال الأصوات اللغوية من المتكلم إلى السامع فهو علم الأصوات الفيزيائي. وأما العلم الذي يبحث في إدراك هذه الأصوات فيدعى علم الأصوات السمعي.

جهاز النطق البشري:

يتكون جهاز النطق البشري من الأعضاء الآتية:

1. عضلات البطن. تقوم هذه العضلات بضغط الحجاب الحاجز إلى أعلى لمساعدة الرئتين في عملية الزفير. وتقوم هذه العضلات بالاسترخاء بعد ذلك لمساعدة الرئتين في الاتساع في أثناء عملية الشهيق. ومن المعروف أن الكلام يحدث في أثناء الزفير عادة.

2. الحجاب الحجاز. يعين الحجاب الحاجز الرئتين على الانقباض والانبساط في أثناء عمليتي الزفير والشهيق.

3. الرئتان. هما مصدر الهواء الذي لولاه لما حدث الكلام. ومما يلفت النظر أن الهواء الفاسد (الذي هو الزفير) منه نصنع الكلام الجميل.

4. القصبة الهوائية. هي ممر لتيار النفس وتقع بين الرئتين والحنجرة.

5.الحنجرة. تتكون الحنجرة من قاعدة غضروفية، وتفاحة آدم، والوترين الصوتيين، والمزمار. وتدعى الحنجرة أيضاً صندوق الصوت.

6.الوتران الصوتيان. هما وتران في الحنجرة لهما أهمية كبيرة في عملية النطق. إذا اهتزا مع إحداث الصوت، كان الصوت مجهوراً والعملية جهراً. وإذا لم يهتزا مع إحداث الصوت، كان الصوت مهموساً والعملية همساً. مثلاً / ت /، / ك /، / ث / أصوات مهموسة. ولكن / د /، / ز /، / ذ / أصوات مجهورة. جَرِّب ذلك بوضع يديك على أذنيك وانطق كل صوت لترى الفرق بين المهموسات والمجهورات.

7. المزمار. هو الفتحة بين الوترين الصوتيين في أعلى الحنجرة. وهي تنفتح مع الصوت المهموس. وتنفتح وتنغلق تكرارياً مع الصوت المجهور. وتنقفل مع صوت مثل / ء / (الهمزة.

8.الحلق. هو تجويف يقع بين الفم والحنجرة. وهو أحد تجاويف الرنين، لذا يدعى مرناناً أو مفخماً. ويشبهه في ذلك التجويف الفموي والتجويف الأنفي. ويساهم الحلق في تفخيم بعض الأصوات مثل / ض ، ظ ، ط ، ص / التي تدعى أصواتاً مُفَخَّمَة. وتدعى العملية تفخيماً أو تحليقاً. كما أن الحلق يساهم في إنتاج الأصوات الحلقية مثل / ق ، ح ، ع /.

9. اللسان. هو عضو متحرك نشيط له دور رئيسي في عملية النطق. ويتكون اللسان من الذَّلق (رأس اللسان) والمقدّم والوسط والمؤخَّر والجذر.

10. الشفة السفلى. تلامس الشفةَ السفلى الشفةُ العليا أو الأسنان العليا لإحداث بعض الأصوات مثل / ب /، / ف /. وهي عضو نطق متحرك.

11. الشفة العليا. وهي عضو نطق ثابت.

12. الأسنان السفلى. يلامسها رأس اللسان أحياناً، كما في / ت /، أو تقترب من الأسنان العليا كما في / ث /.

13. الأسنان العليا. وهي عضو نطق ثابت، يقترب منها اللسان كما في / ت / أحياناً أو تلامسها الشفة السفلى كما في / ف /.

5. اللِّثَّة. وهي اللثة الداخلية للأسنان العليا. يلامسها الذلق (رأس اللسان) كما في / ن /.

6. الحنك. وهو سقف الفم ويتكون من الغار والطبق واللهاة.

7. الغار. وهو الجزء الأمامي الصلب من الحنك. ويلامسه أو يقترب منه مقدم اللسان كما في / ش /. ويدعوه البعض الحنك الصلب.

8. الطَّبَق. وهو الجزء الخلفي اللين من الحنك. ويدعوه البعض الحنك اللين. وهو عضو عضلي متحرك. يلامسه أو يقترب منه مؤخر اللسان كما في / ك ، خ، غ/. ويساهم الطبق في عملية التفخيم التي تدعى أحياناً إطباقاً، كما في / ص ، ض /. كما أن الطبق إذا ارتفع أغلق الممر الأنفي. وإذا انخفض انفتح الممر الأنفي وانغلق العممر الفموي، كما في / ن /.

9. اللَّهاة. وهي عضو لحمي صغير في آخر الطبق. إذا لامسها مؤخر اللسان حدث الصوت اللهوي كما في / ق / البدوية.

10. الأنف. وهو واحد من تجاويف الرنين وممر لتيار النفس. فتيار النفس يخرج في أثناء الكلام من الأنف أو الفم أو كليهما معاً.

11. التجاويف. وهي التجويف الرئوي (الذي يقوم بالشهيق والزفير) والتجاويف الحلقية والفموية والأنفية. وهي ممرات لتيار النفس أو تقوم بتفخيم الصوت اللغوي (كما في حالة الحلق والفم).

تصنيف أعضاء النطق:

تنقسم أعضاء النطق إلى قسمين:

1. ناطق متحرك. وهو عضو نطق يتحرك لملامسة عضو آخر أو الاقتراب منه. مثال ذلك الشفة السفلى واللسان. والبعض يدعوه ناطقاً فقط.

2. مكان النطق. وهو عضو ثابت يقترب منه عضو آخر أو يلامسه. مثال ذلك الشفة العليا واللثة والغار والطبق.

3. ممر. وهو ممر لتيار النفس، مثل القصبة الهوائية والحلق والفم والأنف.

4. مرنان. وهو عضو يقوم بتضخيم الصوت. وهو التجويف الحلقي والتجويف الفموي والتجويف الأنفي، وهي التي تدعى مجتمعة التجاويف الفوحنجرية لتمييزها عن التجويف الرئوي.

5. مصدر التيار. وهو الرئتان.

6. جاهز. وهو الوتران الصوتيان في الحنجرة.

7. عضو مساعد. وهو الذي لا يشترك في الكلام مباشرة، بل يقوم بدور مساعد مثل الحجاب الحاجز وعضلات البطن.

وصف الصوت اللغوي:

لوصف الصوت اللغوي (وخاصة الصوت الصامت أي الصوت غير المعلول)، لا بد من تحديد ما يلي:

1. مكان نطق الصوت، أي عضو النطق الثابت. مثلاً مكان / س / هو اللثة، ومكان / ح / هو الحلق، ومكان / ث / بين الأسنان.

2. الناطق، أي عضو النطق المتحرك. وهو العضو الذي يتحرك عند نطق صوت ما. مثلاً الناطق في حالة / ب / هو الشفة السفلى. ناطق / ل / الذلق (رأس اللسان). ناطق / ج / مقدم اللسان. ناطق / ق / جذر اللسان.

3. كيفية النطق. هل يتوقف تيار النفس ثم ينطلق؟ أم لا يتوقف التيار بل يُعاق فقط؟ أم يمر التيار من الأنف فقط كما في / ن / ؟ أم يمر التيار من جانب الفم كما في / ل / ؟ أم يمر التيار من جانبي الفم؟ أم ماذا؟

4. الجهر والهمس. هل يهتز الوتران الصوتيان عند النطق أم لا ؟ هل الصوت مجهور أم مهموس؟

إذاً إذا أردنا وصف صوت صامت فعلينا أن نحدد أربعة أمور هي: كيفية نطقه وناطقه ومكان نطقه وجهره. مثلاً / ب / صوت شفوي لأن مكان نطقه الشفة العليا. وهو شفوي لأن نطاقه الشفة السفلى. وهو صوت وقفي لأن تيار النفس ينحبس ثم ينطلق. وهو مجهور لأن الحبال الصوتية تهتز عند نطقه. فيصبح وصف / ب / هكذا: وقفي شفوي شفوي مجهور.

أماكن النطق:

تتسمى الأصوات باسم مكان نطقها:

1. صوت شفوي إذا كان مكان النطق الشفة العليا، مثل / م /.
2. صوت أسناني إذا كان المكان الأسنان العليا مثل / ف /.
3. صوت لثوي إذا كان المكان اللثة مثل / س ، ز /.
4. صوت بيأسناني إذا كان المكان بين الأسنان مثل / ث ، ذ /.
5. صوت لثوي غاري إذا كان المكان بين اللثة والغار مثل / ج ، ش /.
6. صوت غاري إذا كان المكان الغار مثل / ي /.
7. صوت طبقي إذا كان المكان الطبق مثل / ك ، خ /.
8. صوت لهوي إذا كان مكان النطق اللهاة مثل / ق / البدوية.
9. صوت حلقي إذا كان المكان الحلق مثل / ح ، ع /.
10. صوت حنجري إذا كان مكان النطق الحنجرة مثل الهمزة / ء /.

كيفية النطق:

من حيث كيفيات نطق الأصوات اللغوية، توجد الكيفيات الآتية:

1. الصوت الوقفي. هو صوت يوقَفُ تيار النفس قبل نطقه ثم ينطلق التيار مع النطق. ويتم إيقاف تيار النفس بقفل ممر الهواء بغلق الشفتين معاً مثل / ب /، أو بالتقاء مؤخر اللسان مع الطبق مثل / ك /، أو بالتقاء مع الأسنان مثل / ت /.

2. الصوت الاحتكاكي. هو صوت لا يوقف معه تيار النفس، بل يعاق عن طريق تضييق مجرى التيار، مثل / س ، ش ، ص /. والاحتكاكي قد يكون أفقياً إذا اتسع ممر الفم أفقياً وضاق رأسياً مثل / ف ، ث ، ذ /. وقد يكون الاحتكاكي رأسياً إذا اتسع ممر الفم رأسياً وضاق أفقياً مثل / س ، ز /.

3. الصوت المزجي. وهو صوت مركب من وقفي متبوع باحتكاكي، مثل / ج /.

4. الصوت الأنفي. وهو صوت يمر معه تيار النفس من الأنف فقط وذلك بنزول الطبق إلى أسفل، مما يؤدي إلى فتح ممر الأنف، ويصاحبه غلق للممر الفموي. مثل ذلك / م ، ن /.

5. الصوت الجانبي. وهو صوت يمر معه تيار النفس من أحد جانبي الفم، مثل / ل /.

6. الصوت الجانباني. وهو صوت يمر معه تيار النفس من جانبي الفم، كما في / ل / المفخمة.

7. الصوت التكراري. وهو صوت يرتعد معه الناطق عدة مرات، مثل / ر / العربية والإسبانية حيث يرتعد رأس اللسان ملامساً اللثة.

8. الصوت الارتدادي. وهو صوت يلتوي معه ذلق اللسان إلى الوراء، مثل / ر / الأمريكية. ويدعوه البعض صوتاً التوائياً أو لولبياً.

9. الصوت الانزلاقي. وهو شبه صائت أو شبه صامت. وهو ينطق مثل الصائت (أي صوت العلة) ولكنه يستعمل في السياق الصوتي مثل الصامت (أي الصوت الصحيح). مثاله / و ، ي /. ويدعوه البعض صوتاً انتقالياً أو انحدارياً.

10. الصوت الصائت. وهو الصوت المعلول أو صوت العلة. وليس له مكان نطق محدد. ويتحدد حسب موقع اللسان في الفم. وفي العربية مثلاً توجد ثلاثة صوائت قصيرة وثلاثة صوائت طويلة، هي الفتحة والضمة والكسرة والفتحة الطويلة والضمة الطويلة والكسرة الطويلة.

سمات صوتية أخرى:

بالإضافة إلى جهر الصوت أو همسه، ومكان نطقه وناطقه، وكيفية نطقه، هناك سمات صوتية أخرى عديدة منها:

1. الانبثاق والشهيق. أكثر الأصوات انبثاقية، أي تنطق مع الزفير. ولكن في بعض اللغات توجد أصوات شهيقية، أي تنطق مع الشهيق.

2. الموسيقية. الصوائت أسوات موسيقية. أما الصوامت فهي أصوات نشازية.

3. الرنين. / م / مثلاً صوت رنيني أنفي يمر معه الهواء من الأنف فقط. / ل / رنيني فموي، وكذلك الصوائت والانزلاقيات مثل / و ، ي /. / ت / صوت غير رنيني، ومثله الوقفيات والاحتكاكيات.

4. الهائية. يكون الصوت هائياً إذا صاحبته نفخة من هواء النفس، مثل / ك / في كلمة (كلام). ويدعى أيضاً صوتاً هوائياً أو نفسيًّاً. ويكون الصوت حبيساً، أي غير هائي، إذا لم ينطلق تيار النفس الذي كان قد انحبس استعداداً للنطق مثل / ب / في (تابْ).

5. الامتدادية. يكون الصوت امتدادياً (أو استمرارياً أو متمادياً) إذا طال نطقه بقدر ما يسمح النفس. وينطبق هذا الوصف على الصوائت والاحتكاكيات والأنفيات.

6. الفموية. يكون الصوت فموياً إذا انغلق الممر الأنفي ومر النفس من العمر الفموي، مثل / س ، ت ، ل /. والفموي إما جانبي إذا مَرّ النفس من أحد جانبي الفم مثل / ل / غير المفخمة، وإما جانباني إذا مَرّ النفس من جانبي الفم في آن واحد مثل / ل / المفخمة، وإما وسطي إذا مَرّ النفس من وسط الفم مثل / س /.

7. الألفية. يكون الصوت أنفياً إذا انغلق الممر الفموي وانفتح الممر الأنفي، مثل / م ، ن /.

8. التأنيف. إذا انفتح الممر الأنفي والممر الفموي في وقت واحد مع نطق صوت ما يكون الصوت مُؤَنَّفَاً أو مغنوناً أو مخنوناً. والظاهرة تدعى أيضاً غُنَّة أو خُنَّة. وهي عيب نطقي في بعض اللغات وظاهرة عادية في بعضها كما في اللهجة الأمريكية إذا كانت ضمن درجة مقبولة اجتماعياً.

9. التقديم والتأخير. في السياق الصوتي (أثناء الكلام المتصل)، قد يجاور الصوت أصواتاً تؤثر على مكان نطقه العادي فيتقدم مكان نطقه أو يتأخر. وتسمى الظاهرة تقديماً أو تأخيراً. ويكون الصوت مقدَّماً أو مُؤَخَّراً. مثال ذلك / ك / المقدَّمة في (كيمياء) بسبب تأثير / ي / التالية و / ك / المؤخَّرة في (كُنْ) بسبب تأثير الضمة التالية.

10. الطول. قد يطول الصوت بعد نطقه متأثراً بالسياق الصوتي، ويدعى صوتاً طويلاً. وقد لا يستمر الصوت بعد نطقه ويدعى صوتاً قصيراً. وقد يطول كثيراً ويدعى صوتاً مديداً، مثل / ا / في (يشاء). ومن أسباب إطالة الصوت أن يكون في آخر الكلام، فالصوت / م / في كلمة (نامْ) أطول من / م / في كلمة (موز).

11. التغوير. وهو أن يرتفع مُقَدَّم اللسان نحو الغار عند نطق صوت ما، مما يضيف سمة التغوير إلى صوت ليس غارياً أساساً. ويدعوها البعض ترطيباً والصوت يصبح مغوَّراً أو مُرَطَّباً.

12. الإطباق. وهو أن يرتفع مؤخر اللسان نحو الطبق، مما يؤدي إلى تفخيم الصوت، الذي يصاحبه أيضاً تضييق في الحلق. ولذا فإن البعض يدعو الإطباق تحليقاً أو تفخيماً. والصوت يكون مُفَخَّماً أو مُحَلَّقاً أو مُطْبَقاً.

13. التدوير. وهو أن تستدير الشفتان مع نطق الصوت، مثل الضمة القصيرة والضمة الطويلة. ويدعى الصوت مدوراً أو مستديراً. ولكن إذا استدارت الشفتان مع نطق صوت ليس مدوراً أساساً، يدعى ذلك تشفيهاً ويكون الصوت مُشَفَّهاً.

وصف الصائت:

لوصف الصائت، لا بد من الإجابة عن الأسئلة الآتية:

1. هل هو بسيط أم مركب؟ البسيط يتكون من صائت واحد، مثل الفتحة. ويدعوه البعض الصائت الأحادي. الصائت المركب يتكون من صائتين قصيرين، أو من صائت وانزلاقي مثل صوت / آوْ / في الكلمة الإنجليزية now. ويدعى الصائت المركب أحياناً ثِنْصَائتاً.

2. ما هو موقع أعلى جزء من اللسان من حيث علوه في الفم؟ ويكون الصائت تبعاً لذلك عالياً مثل الكسرة القصيرة في كلمة (اجْلِسْ)، أو يكون وسطياً مثل / e / في كلمة pen، أو يكون منخفضاً مثل الفتحة الطويلة في كلمة (كاتبْ).

3. ما موقع أعلى جزء من اللسان من حيث تقدمه أو تأخره في الفم؟ فيكون الصائت أمامياً مثل الكسرة القصيرة، ويكون مركزياً مثل / a / في far، ويكون خلفياً مثل الضمة القصيرة في (كُتِبَ).

14. هل يحدث تدوير الشفتين مع نطق الصائت؟ إن حدث فهو صائت مُدَوَّرٌ مثل الضمة. وإن لم يحدث فهو غير مدور مثل الفتحة.

مراحل نطق الصوت:

عند نطق الصوت اللغوي، تمر عملية النطق بالمراحل الآتية:

1. مرحلة الاستعداد. يأتي الأمر من الدماغ إلى أعضاء النطق المشتركة لكي يستعد كل عضو للقيام بدوره. فعند نطق صوت / ب / مثلاً تأتي الأوامر إلى الشفة السفلى لتستعد لتلاقي الشفة العليا. وتأتي أوامر إلى الطبق ليرتفع لغلق الممر الأنفي. وتأتي أوامر إلى الشفتين لإحكام غلق الممر الفموي.

2. مرحلة النطق. وهي مرحلة تنفيذ الأوامر الدماغية التي صدرت في مرحلة الاستعداد.

3. مرحلة الاسترخاء. وهي مرحلة تراجع كل عضو ساهم في مرحلة النطق ليعود إلى حالته المحايدة الأولى.

4. مرحلة الاستراحة. وهي المرحلة التالية للتراجع حيث تتم عودة كل عضو إلى حالته التي كان عليها قبل مرحلة الاستعداد.

الفونيمات القطعية العربية:

يمثل الجدول المرفق قائمة كاملة بالفونيمات القطعية في اللغة العربية، حيث يمثل العمود (1) الرقم المتسلسل للفونيم، العمود (2) رمز الفونيم، العمود (3) كيفية نطقه، العمود (4) همسه أو جهره، العمود (5) مكان نطقه أي مخرجه، العمود (6) رمز الفونيم حسب الأبجدية الصوتية الدولية، والعمود (7) يعطي مثالاً للفونيم في كلمة ما.

جدول (1): الفونيمات القطعية للعربية الفصيحة

الرقم	الفونيم	نوعه	مهموس أو مجهور	مخرجه	رمزه الدولي	مثال (الصوت الأول)
1	ت	وقفي	مهموس	أسناني	t	تلا
2	ط	وقفي	مهموس	أسناني مطبق	T	طار
3	ك	وقفي	مهموس	طبقي	k	كانَ
4	ق	وقفي	مهموس	حلْقي	q	قام
5	ء	وقفي	مهموس	حنجري	a	أكل
6	ب	وقفي	مجهور	شفتاني	b	باع
7	د	وقفي	مجهور	أسناني	d	دعا
8	ض	وقفي	مجهور	أسناني مطبق	D	ضاع
9	ج	مزجي	مجهور	لثوي غاري	j	جاع
10	ف	احتكاكي	مهموس	أسناني شفوي	f	فأل
11	ث	احتكاكي	مهموس	بيأسناني	e	ثأر
12	س	احتكاكي	مهموس	لثوي	s	سار
13	ص	احتكاكي	مهموس	لثوي مطبق	S	صار
14	ش	احتكاكي	مهموس	لثوي غاري	s	شامي
15	خ	احتكاكي	مهموس	طبقي	x	خالي
16	ح	احتكاكي	مهموس	حلْقي	h	حانَ
17	هـ	احتكاكي	مهموس	حنجري	h	هاني
18	ذ	احتكاكي	مجهور	بيأسناني	g	ديل
19	ز	احتكاكي	مجهور	لثوي	z	زهرة
20	ظ	احتكاكي	مجهور	بيأسناني	D	ظليل
21	غ	احتكاكي	مجهور	مطبق	g	غنم
22	ع	احتكاكي	مجهور	طبقي	9	علامة
23		أنفي	مجهور	حلقي	m	ملاك

جدول (1): تتمة

الرقم	الفونيم	نوعه	مهموس أو مجهور	مخرجه	رمزه الدولي	مثال (الصوت الأول)
23	م	أنفي	مجهور	شفتاني	m	ملاك
24	ن	أنفي	مجهور	لثوي	n	نور
25	ل	جانبي	مجهور	لثوي	I	لام
26	ر	تكراري	مجهور	لثوي	r	رمى
27	و	انزلاقي	مجهور	شفتاني	w	ويل
28	ي	انزلاقي	مجهور	غاري	y	يركض
29	الكسرة	صائت	مجهور	عالٍ أمامي	i	
30	الفتحة	صائت	مجهور	وسطي مركزي	a	
31	الضمة	صائت	مجهور	عالٍ خلفي	u	
32	الكسرة الطويلة	صائت	مجهور	عالٍ أمامي	i	
33	الفتحة الطويلة	صائت	مجهور	منخفض مركزي	a	
34	الضمة الطويلة	صائت	مجهور	عالٍ خلفي	u	

الفونيمات القطعية الإنجليزية:

حيث إن موضوع هذا الكتاب هو علم اللغة العام، فليس من المناسب التركيز على لغة واحدة كالعربية. من المفيد أن ننظر إلى لغة أخرى لنرى نظامها الصوتي. ويمثل الجدول (2) الفونيمات القطعية الإنجليزية. ادرس الجدولين دراسة دقيقة وحاول أن تعرف أوجه الشبه وأوجه الاختلاف بين اللغتين.

جدول (2): الفونيمات القطعية للغة الإنجليزية

الرقم	الفونيم	نوعه	مهموس أو مجهور	مخرجه	مثال
1	p	وقفي	مهموس	شفتاني	pin
2	b	وقفي	مجهور	شفتاني	ban
3	t	وقفي	مهموس	لثوي	**tan**
4	d	وقفي	مجهور	لثوي	dine
5	k	وقفي	مهموس	طبقي	kill
6	g	وقفي	مجهور	طبقي	give
7	c	مزجي	مهموس	لثوي غاري	check
8	j	مزجي	مجهور	لثوي غاري	jam
9	f	احتكاكي	مهموس	أسناني شفوي	fine
10	v	احتكاكي	مجهور	أسناني شفوي	vine
11	e	احتكاكي	مهموس	أسناني	thin
12	a	احتكاكي	مجهور	أسناني	the
13	h	احتكاكي	مهموس	حنجري	hen
14	s	احتكاكي	مهموس	لثوي	sin
15	z	احتكاكي	مجهور	لثوي	zero
16	s	احتكاكي	مهموس	لثوي غاري	shine
17	z	احتكاكي	مجهور	لثوي غاري	treasure
18	I	جانبي	مجهور	لثوي	light
19	m	أنفي	مجهور	شفتاني	mine
20	n	أنفي	مجهور	لثوي	now
21	o	أنفي	مجهور	طبقي	sing
22	w	انزلاقي	مجهور	شفتاني	wet
23	r	انزلاقي	مجهور	لثوي	rain
24	y	انزلاقي	مجهور	لثوي غاري	wet
25	i	صائت	مجهور	عالٍ أمامي	bit
26	e	صائت	مجهور	وسطي أمامي	bet
27	x	صائت	مجهور	منخفض أمامي	bat

جدول (2): تتمة

الرقم	الفونيم	نوعه	مهموس أو مجهور	مخرجه	مثال
28	i	صائت	مجهور	عال مركزي	just
29	a	صائت	مجهور	وسطي مركزي	the
30	a	صائت	مجهور	منخفض مركزي	car
31	u	صائت	مجهور	عالٍ خلفي	put
32	o	صائت	مجهور	وسطي خلفي	boat
33	o	صائت	مجهور	منخفض خلفي	bought

رموز السمات النطقية:

في الكتابة الصوتية (التفصيلية)، تظهر فوق الفونيمات أو تحتها أو بعدها رموز تدل على السمات النطقية المكتسبة التي اكتسبها صوت ما في السياق الصوتي، (أي البيئة الصوتية). ومن هذه الرموز ما يلي:

1. **رمز التشفيه:** إذا أضفنا استدارة الشفتين لصوت ليس مدوراً أساساً نكتب فوقه أو تحته. لأن هذا الرمز أساساً رمز لصوت مدور. هكذا مثلاً [k”]
2. **رمز التغوير:** يضاف هذا الرمز لصوت غوِّر وليس مغوراً أساساً. والرمز هو، مضافاً إلى الجانب العلوي الأيمن للرمز الأصلي، هكذا مثلاً [t’]. واختير الرمز، لأنه أساساً يرمز إلى صوت مغور.
3. **رمز الهائية:** هكذا مثلاً [k^h] أو [k^l]. ولقد اختير رمز لأنه رمز لصوت هائي أساساً. واختير الرمز اختصاراً لرمز. ويوضع الرمز على الجانب الأيمن العلوي للرمز الأصلي للفونيم. ويستخدم بعض اللغويين المقلوبة، هكذا [k’].
4. **رمز عدم الهائية:** إذا كان الألوفون هائياً في مواقع وغير هائي في مواقع أخرى، يرمز لعدم الهائية بخطين صغيرين متوازيين على الجانب العلوي الأيمن للرمز الأصلي، هكذا [k].

5. **رمز اللثوي الغاري:** إذا تراجع مكان نطق الفونيم وأصبح لثوياً غارياً بدلاً من اللثوي، نضع فوق الرمز الأصلي الإشارة [zˇ, sˇ, jˇ, cˇ]

6. **رمز التأنيف:** إذا زيدت إلى الصوت سمة الأنفية وأصبح مؤنفاً، نكتب فوقه الرمز. هكذا [Ḱ]. والرمز محور عن رمز n التي هي صوت أنفي أساساً.

7. **رمز الإهماس:** إذا كان الصوت مجهوراً أساساً ثم أهمس، نكتب تحته الرمز ، الذي هو دائرة صغيرة، هكذا [n].

8. **رمز الإجهار:** إذا كان الصوت مهموساً أساساً وأجهر لظروف معينة، نكتب تحته المرز . هكذا [t]. وقد يكون الرمز اختصاراً لكلمة voiced التي تعني (مجهور).

9. **رمز الأسناني:** إذا كان موضع نطق الصوت أسنانياً على غير المألوف، يظهر تحت الرمز الأصلي الرمز ¬ الذي يرمز أساساً لشكل السن. هكذا [t].

10. **رمز الاستدلال:** إذا نطق الصوت بخفة أو باختصار عدد مرات التكرار، تظهر فوقه إشارة هكذا [t ̆]. كما في t في كلمة letter.

11. **رمز الطول:** إذا طوّل الصوت، تظهر نقطة على الجانب العلوي الأيمن للرمز الأصلي، هكذا [s]. وإذا طوّل أكثر وضعت نقطتان، هكذا [s].

12. **رمز الإهماز:** إذا نطق الصوت مصحوباً بهمزة، يظهر رمز الهمزة على يمينه العلوي، هكذا [t].

13. **رمز التأخير:** إذا أخر الصوت عن مكان نطقه العادي، يظهر رمز التأخير تحته، هكذا [k]. وهو عبارة عن قوس صغير محدّب تحت الرمز الأصلي.

14. **رمز التقديم:** إذا تقدم الصوت عن مكان نطقه العادي، يظهر الرمز تحت الرمز الأصلي، هكذا [k]. وهو عبارة عن قوس صغير مقعر.

15. **رمز المقطعية:** إذا عمل صامت ما عمل نواة المقطع، يظهر رمز المقطعية تحت الرمز الأصلي، هكذا [n]. وهو خط مستقيم رأسي قصير.

16. **رمز التركيب:** إذا تكون صوت من صوتين ظهر فوقهما قوس محدودب هكذا [ts] أو [dz].

17. **رمز التلوين:** إذا تلون صوت بصوت آخر، يظهر اللون الإضافي كرمز صغير على الجانب العلوي الأيمن، هكذا [bⁿ].

18. **رمز رفع اللسان:** توضع إشارة على الجانب العلوي الأيمن للرمز الأصلي، هكذا [eˡ].

19. **رمز خفض اللسان:** توضع إشارة على الجانب العلوي الأيمن للرمز الأصلي هكذا [eᵀ].

20. **رمز تقديم اللسان:** توضع إشارة. على الجانب العلوي الأيمن للرمز الأصلي، هكذا [uʼ].

21. **رمز الانحباس:** إذا انحبس تيار النفس بدل أن ينطلق، توضع إشارة – على الجانب العلوي الأيمن للرمز الأصلي، هكذا [k̄].

22. **رمز التفخيم:** إذا كان الصوت مفخماً، توضع إشارة تحت الرمز الأصلي، وهي عبارة عن نقطة، هكذا [ṭ].

أنواع السمات النطقية:

من السمات النطقية الجهر والهمس والتشفية والتأنيف والارتداد والانحباس وسواها. وهي نوعان رئيسيان:

1. السمة الوظيفية. وهي السمة التي تؤثر في المعنى وتحوّل الصوت من ماهية وظيفية إلى ماهية وظيفية أخرى. لنأخذ سمة الجهر في العربية مثلاً. لو أضفنا سمة الجهر إلى الأصوات / س ، ت ، ث / لأصبحت / ز ، د ، ذ / على التوالي. إذاً الجهر سمة وظيفية في العربية لأن الجهر حَوَّل الفونيمات / س، ت ، ث / إلى فونيمات مختلفة.

2. السمة غير الوظيفية. وهي السمة التي لا يؤثر وجودها أو غيابها على المعنى، ويقتصر أثرها على المقبولية الاجتماعية للنطق. لو فخمنا / ر / في كلمة (عرب) أو رققناها، فإن ذلك لا يؤثر في معناها. هذا يدل على أن التفخيم أو الترقيق هنا سمة غير وظيفية. ولكن لو فخمنا / س / لصارت / ص / ولو فخمنا / د / لصارت / ض /؛ هذا التفخيم سمة وظيفية.

الفونيمات الفَوقِطعية:

الفونيمات الفوقطعية هي فونيمات تصاحب الفونيمات القطعية، تظهر في الكلام ولا تظهر في الكتابة العادية. وتشمل هذه الفونيمات النبر والفواصل والنغمات. وسيأتي تفصيل لكل واحدة منها فيما يلي.

النَّبْر:

النبر هو قوة التلفظ النسبية التي تعطى للصائت في كل مقطع من مقاطع الكلمة. فالمقطع قوي النبر يأخذ طاقة كلامية أكثر من المقطع ضعيف النبر ويكون الصوت أشد وأعلى وأطول. مثلاً كلمة (ذَهَبَ) تتكون من ثلاثة مقاطع في كل منها صائت: ذَ + هَ + بَ. المقطع الأول هو الأقوى نبراً والآخران ضعيفا النبر. ومع النبر القوي يزداد نشاط أعضاء النطق وتقوى حركة الوترين الصوتيين ويزداد نشاط الشفتين (إذا شاركتا) وتصبح حركة اللسان أدق.

في بعض اللغات، النبرة ثابتة في موقعها كأن تكون النبرة القوية على المقطع الأول دائماً أو على المقطع الأخير في الكلمة دائماً. ولكن أكثر اللغات تستخدم نظام النبرة الحرة (لا النبرة الثابتة) مثلاً العربية والإنجليزية. مثلاً:

1. دَرَسَ. النبرة الرئيسية هنا على دَ.
2. دَارِسٌ. النبرة الرئيسية هنا على دا.
3. دارسونْ. النبرة الرئيسية هنا على سون.
4. دراسة. النبرة الرئيسية هنا على را.
5. دارساتٌ. النبرة الرئيسية هنا على سا.

هل النبرة فونيم يؤثر على المعنى؟ إذا كان تغيير النبر في لغة ما يؤثر على المعنى فهذا يثبت فونيمية النبر في تلك اللغة وتسمى اللغة في هذه الحالة لغة نبرية، مثل العربية والإنجليزية، وتكون اللغة حرة النبرة. أما إذا كان

النبر غير فونيمي في لغة ما فاللغة غير نبرية أو ثابتة النبرة مثل التشيكية والهنغارية.

في اللغة الإنجليزية، import تعني يستوردن ولكن import تعني استيراد. تغيير موقع النبر أدى إلى تغيير المعنى. وكذلك الكلمات export ، insult ، object ، record.

إذاً النبر فونيم في الإنجليزية. وهو كذلك في العربية: انظر الكلمات كان، كانا، ذهب، ذهبا.

وللنبرة الرئيسية (الأقوى) مواقع متنوعة. فقد تكون في موقع استهلالي وتدعى نبرة استهلالية، أو تكون في موقع وسطي وتدعى نبرة وسطية، أو في موقع ختامي وتدعى نبرة ختامية.

والنبر درجات أربع:

1. نبرة رئيسية. هي الأقوى. ورمزها / ◌َ / يشبه الفتحة العربية ويوضع فوق نواة المقطع، أي مركزه، أي صائتة.
2. نبرة ثانوية. ورمزها / 8 /.
3. نبرة ثالثية. ورمزها / ˜ /.
4. نبرة ضعيفة. ورمزها / ᵘ /.

وبعض اللغويين يختصر الأربع إلى ثلاث ويستغني عن النبرة الثالثية. والبعض من أجل التبسيط يقصر النبرات على اثنتين هما الرئيسية والضعيفة.

والنبر أنواع:

1. نبرة الكلمة: وهي النبرة الرئيسية التي تأخذها الكلمة إذا قيلت منفردة.
2. نبرة الجملة: وهي النبرة الرئيسية التي تأخذها الجملة عندما تقال كوحدة صوتية واحدة.
3. النبرة التقابلية: وهي النبرة الرئيسية التي تأخذها أية كلمة في الجملة لأجل نفي البديل. والبعض يدعوها النبرة التوكيدية. على سبيل المثال، ذهب الولد إلى المدرسة. إذا قلنا (ذهب) منفردة، (الولد) منتفردة، (إلى) منفـردة،

(المدرسة) منفردة، فكل كلمة منفردة منها تأخذ نبرة رئيسية. ولكن إذا قلناها معاً في جملة واحدة، فإن كلمة واحدة منها هي (المدرسة) تأخذ نبرة الجملة. ولكن يجوز أن ننبر تقابلياً أية كلمة في الجملة حسب هدف المتكلم. مثلاً لو نبرنا كلمة (الولد)، فإننا نؤكدها وننفي أية بدائل محتملة.

الفواصل:

الفاصل نوع من السكون (الوقف) بين مجموعة صوتية وأخرى. وهو خمسة أنواع في معظم اللغات:

1. فاصل صاعد. ويأتي في نهاية القول أو الجملة ويصاحبه ارتفاع في النغمة. ويأتي عاد في نهاية السؤال الذي جوابه نعم أو لا. ورمزه / ⟋ / أو / ⟋ / حسب اتجاه الكتابة.

2. فاصل هابط. ويأتي في نهاية الجملة الإخبارية ويصاحبه انخفاض في النغمة. ورمزه / ⟍ / أو / ⟍ / حسب اتجاه الكتابة.

3. فاصل مؤقت. ويأتي وسط القول دون تغيير في النغمة. مثال ذلك الوقف بعد المبتدأ. ورمزه / ⟶ / أو / ⟵ / حسب اتجاه الكتابة.

4. فاصل موجب. ويأتي للفصل الصوتي بين الكلمة والكلمة التالية. ورمزه / + /.

5. فاصل سالب. يفصل بين كل صوت والصوت الذي يليه. ورمزه / - /. وهو فاصل قصير جداً لدرجة أن الأذن البشرية لا تستطيع تمييزه.

النغمات:

تتوقف درجة النغمة على عدد ذبذبات الأوتار الصوتية (في الحنجرة) في الثانية. والنغمة أربعة مستويات:

1. نغمة منخفضة. ورمزها / 1 /. وتأتي في نهاية الجملة الإخبارية والجملة الاستفهامية التي لا تجاب بنعم أو لا.

2. نغمة عادية. رمزها / 2 /. وهي بداية الكلام عادة.

3. نغمة عالية. رمزها / 3 /. وترافق عادة النبرة الرئيسية. وتأتي عادة قبل نهاية الكلام.

4. نغمة فوق عالية. ورمزها / 4 /. وهي أعلى النغمات. وتأتي مع التعجب أو الانفعال.

الأبجدية الصوتية الدولية:

هذا الجدول المرافق (الجدول 3) يبين رموز ما يعرف بالأبجدية الصوتية الدولية (IPA). وهي أبجدية اتفق عليها علماء الأصوات في شتى الدول كي تكون لغة مشتركة بينهم لتسجيل اللغات صوتياً. غير أن كثيراً من العلماء لا يتقيدون بها ويعدلونها لتلائم حالات خاصة أو لتلائم الإمكانيات الطباعية المتوفرة.

أسئلة وتمارين

1. ارسم جهاز النطق البشري وبين أعضاء النطق فيه.

2. ما هي وظيفة كل عضو من أعضاء النطق؟

3. كيف تصف صوتاً لغوياً صامتاً؟

4. كيف تصف الصائت؟

5. كيف تحدث كيفيات النطق المختلفة؟

6. حاول أن تصف صوامت العربية أو الإنجليزية بنفسك دون النظر إلى الكتاب. صفها عن طريق التجربة الذاتية. قرر مكان نطقها وناطقها وكيفيتها وهمسها أو جهرها. ثم قارن جوابك بالكتاب.

جدول (٣) : الأبجدية الصوتية الدولية

		Bi-labial	Labio-dental	Dental and Alveolar	Retroflex	Palato-alveolar	Alveolo-palatal	Palatal	Velar	Uvular	Pharyngal	Glottal
CONSONANTS	Plosive	p b		t d	ʈ ɖ			c ɟ	k g	q ɢ		ʔ
	Nasal	m	ɱ	n	ɳ			ɲ	ŋ	ɴ		
	Lateral Fricative			ɬ ɮ								
	Lateral Non-fricative			l	ɭ			ʎ				
	Rolled			r						ʀ		
	Flapped			ɾ	ɽ					ʀ		
	Fricative	ɸ β	f v	θ ð | s z | ɹ	ʂ ʐ	ʃ ʒ	ɕ ʑ	ç ʝ	x ɣ	χ ʁ	ħ ʕ	h ɦ
	Frictionless Continuants and Semi-vowels	w | ɥ	ʋ	ɹ				j (ɥ)	(w)	ʁ		
VOWELS								Front	Central Back			
	Close	(y ʉ u)						i y	ɨ ʉ ɯ u			
	Half-close	(ø o)						e ø	ə ɤ o			
	Half-open	(œ ɔ)						ɛ œ æ	ɐ ʌ ɔ			
	Open	(ɒ)						a	ɑ ɒ			

7. ما هي الصوامت المشتركة بين العربية والإنجليزية؟
8. ما هي الصوامت العربية غير الموجودة في الإنجليزية؟
9. ما هي الصوامت الإنجليزية غير الموجودة في العربية؟
10. ما هي الصوامت المشتركة بين العربية والإنجليزية والمختلفة في النطق في الوقت ذاته؟
11. ما الفرق بين الفونيمات القطيعة والفونيمات الفوقطعية؟
12. ما الفرق بين / هـ / العربية و / h / الإنجليزية في مكان التوزيع؟
13. ما الفرق بين / ت / التعربية و / t / الإنجليزية في النطق؟
14. ما الفرق بين / د / العربية و / d / الإنجليزية في مكان النطق؟
15. ما الفرق بين الكسرة العربية و / i / الإنجليزية في التوزيع؟
16. ما الفرق بين / p / الإنجليزية و [P] العربية؟
17. ما الأصوات الوقفية في كل من العربية والإنجليزية؟
18. ما الأصوات الاحتكاكية في كل من العربية والإنجليزية؟
19. ما الأصوات الأنفية في كل من العربية والإنجليزية؟
20. ما هي صوائت العربية وصوائت الإنجليزية؟
21. ما هي الصوائت العربية غير الموجودة في الإنجليزية؟
22. ما هي الصوائت الإنجليزية غير الموجودة في العربية؟
23. ما هي الصوائت المشتركة بين العربية والإنجليزية؟
24. اكتب الكلمات الآتية كتابة فونيمية مستخدماً الرموز المذكورة في جدول (1): جَلسَ، كَتَبَ، ذَهَبَ، ذَهَابٌ، إسْلامٌ، مَدْرَسَةٌ، جَامِعَةٌ، كتابٌ، كُتُبٌ، صائمٌ، قويٌّ، ضعيفٌ، طويلٌ، حَلاَلٌ، حَلْقٌ، خَلْقٌ، مدروسٌ. مثال / /.
25. حَلِّل الكلمات المذكورة في التمرين السابق إلى مقاطع هكذا: جَلَسَ = جَـ + ل + س.

26. بَيِّن المقطع المنبور في كل كلمة وردت في السؤال رقم 24. أي المقطع الذي أخذ النبرة الرئيسية.

27. اختر عشرين كلمة باللغة الإنجليزية. اكتبها كتابة فونيمية مستخدماً رموز الفونيمات الإنجليزية الواردة في جدول (2) في هذا الكتاب. حلل هذه الكلمات إلى مقاطع. ثم بين المقطع المنبور.

الفصل الثالث

قوانين النظام الصوتي

الفونيم والألوفون:

الفونيم صوت مجرد لا وجود له في أثناء الكلام. وهو أصغر وحدة صوتية غير قابل للقسمة إلى وحدات أصغر. وللفونيم دور وظيفي، إذ إن استبدال فونيم بآخر يحدث تغييراً في المعنى. مثلاً لو وضعنا / ص / مكان / س / في (سَارَ) لأصبحت الكلمة (صَار) مع اختلاف المعنى. ولقد اقترحتُ تسمية الفونيم صَوْتيماً.

والبعض يعرف الفونيم على أنه مجموعة أصوات متماثلة صوتياً في توزيع تكاملي أو تغير حر. وكل صوت في المجموعة يدعى ألوفوناً. ولتوضيح تعريف الفونيم، نذكر ما يلي:

1. المقصود بالتماثل الصوتي أن يتماثل صوتان أو أكثر في مكان النطق أو كيفيته أو كليهما معاً أو أن يتقاربا في مكان النطق. مثلاً [ت] [د] متماثلان صوتياً لأن مكان النطق لكل منهما هو الأسنان العليا وهما متماثلان في الكيفية أيضاً إذ إن كليهما وقفي. ولذا فمن المحتمل أن يكونا ألوفونين لفونيم واحد في إحدى اللغات.

2. التوزيع التكاملي هو أن تتقاسم الألوفونات المواقع فلا يحل أحدها حيث يحل الآخر. لو افترضنا أن ثلاثة ألوفونات في توزيع تكاملي، فمن المحتمل أن يحل الأول في الموقع الأولي من الكلمات والثاني في الموقع الوسطي والثالث في الموقع الختامي. وعلى سبيل المثال، الفونيم / ت / في

العربية يتوزع هكذا: [ت] الهائية في الموقع الأولي، [ت] غير النهائية بعد [س]، [ت] الحبيسة في الموقع الختامي.

3. التغير الحر. قد لا تكون الألوفونات في توزيع تكاملي. عندئذ لا بد أن تكون في تغير حر. أي يجوز أن يحل الواحد منها محل الآخر. مثلاً [ت] في آخر الكلام يمكن أن تكون هائية أو حبيسة. وهكذا فإن [ت] الهائية و [ت] الحبيسة هما ألوفونان في تغير حر إذا وقعها في آخر الكلام.

اختبار الفونيمية:

كيف نعرف أن صوتاً ما هو فونيم وليس ألوفوناً في لغة ما؟ لإثبات الفونيمية، لا بد مما يلي:

1. نحصل على عينة لغوية تحتوي على الصوت موضع الاختبار وتحتوي على ثنائيات صغرى. الثنائية الصغرى هي كلمتان تختلفان في المعنى وتتطابقان في الأصوات إلاّ في موقع واحد. مثلاً سَالَ، زَالَ.

2. إذا كانت (سال) تختلف في المعنى عن (زال) في اللغة العربية فهذا يثبت أن الفرق بين [س ، ز] فوق هام، أي فرق وظيفي، وأن / س / فونيم مستقل عن الفونيم / ز / في اللغة موضع الدراسة.

إن اختبار الفونيمية يعتمد على اختبار التبادل. فإذا تبادل صوت مع آخر في كلمة وأدى التبادل إلى تغيير المعنى فإن التقابل بين الصوتين تقابل فونيمي. ويجب أن نتذكر أن الفونيم في لغة ما قد يكون ألوفوناً في لغة أخرى. مثلاً / P / فونيم في الإنجليزية ولكنه ألوفون للفونيم / ب / في اللغة العربية. فإن / ب / تنطق [P] إذا وقعت قبل [س]، كما في (حَبْسْ).

أنواع الفونيمات:

تنقسم الفونيمات إلى نوعين رئيسيين هما:

1. فونيمات قِطْعية: وهي الصوامت والصوائت. ويدعوها البعض فونيمات تركيبية أو خطية لأنها تتوالى في أثناء الكلام بصورة خطية ولأن الكلام يتركب منها كوحدات متتالية.

2. فونيمات فَوْقِطعية: وهي الفونيمات التي تصاحب الفونيمات القطعية. وتدعى أيضاً الفونيمات الفَوْتركيبية. وتشمل النبرات والنغمات والفواصل.

وتنقسم الفونيمات القطعية إلى قسمين:

أ. الصوامت. وهي الوقفيات والمزجيات والاحتكاكيات والأنفيات والتكراريات والارتداديات والانزلاقيات. وهي ذات مكان نطق محدد.

ب. الصوائت. وهي أصوات العلة. وهي ليست ذات مكان نطق محدد. ويمكن تقسيم الفونيمات القطعية إلى قسمين آخرين:

1) الفونيمات الثابتة. وهي التي لا تتغير من لهجة إلى أخرى ضمن اللغة الواحدة مثل / م /، / ن /، / س /.

2) الفونيمات المتقلبة. وهي التي تتغير من لهجة إلى أخرى ضمن اللغة الواحدة، مثل / ث /، / جـ /، / ذ /، / ظ /، / ق /، إذ نراها تُنْطق ببدائل متباينة في اللهجات العربية. مثال ذلك / ث / فهي [ث] أو [ت] أو [س] في اللهجات العربية المختلفة.

علاقات الفونيم:

للفونيم عدة أنواع من العلاقات:

1. علاقات أفقية (أو خطية). تتوالى الفونيمات واحداً بعد الآخر أفقياً لتكوين المقطع. وتتوالى المقاطع أفقياً لتكوين المورفيم. وتتوالى المورفيمات

خطياً أو أفقياً لتكوين الكلمة. وتتوالى الكلمات لتكوين الجملة. إذاً كل فونيم له علاقات أفقية مع الفونيمات السابقة واللاحقة لتكوين الوحدات اللغوية الأكبر.

2. علاقات رأسية. إذا استبدلنا فونيماً مكان آخر تغير المعنى وحدث التقابل الفونيمي. وهو تقابل استهلالي مثل (نال ، قال)، أو تقابل وسطي مثل (مشى، مدى)، أو تقابل ختامي مثل (سال، سار).

3. علاقات ثنائية. قد تجد فونيمين متطابقين في كل السمات إلاّ في سمة واحدة. مثلاً / س ، ز / كلاهما احتكاكي لثوي، ولكن / س / مهموس و / ز / مجهور. ومثل آخر / ك ، ق /؛ كلاهما وقفي مهموس، ولكن / ك / طبقي و / ق / حلقي.

العبء الوظيفي للفونيم:

كلما زاد عدد الكلمات التي يوجد فيها فونيم ما في لغة ما، زاد عبؤه الوظيفي. ويعتمد هذا على سهولة نطق الفونيم وعلى توزيعه، أي على مواقع حدوثه. صعوبة نطق الفونيم تجعله غير مرغوب فيه. وقيود التوزيع تجعل الفونيم محدود التكرارية. مثلاً، العبء الوظيفي للفونيمات / ل، ت، ن / في العربية أعلى بكثير من عبء الفونيمات / ض، ظ، ز /.

الفونيم والحرفيم:

الفونيم صوت مجرد يتحقق في الكلام على شكل ألوفونات. عندما نتكلم لا ننطق فونيمات، بل ألوفونات. وأما الحرفيم فهو شكل كتابي مجرد أيضاً. ويدعوه البعض غرافيماً. عندما نكتب لا نكتب حرفيمات، بل ألوحروفاً أو ألوغرافات. مثال ذلك حرفيم النون نكتبه < نـ > في أول الكلمة و < ـنـ > في

وسط الكلمة و < ـن > في آخر الكلمة و < ن > مستقلة أو < ن > أو < هـ >. كل شكل من هذه الأشكال هو ألوحرف ضمن حرفيم النون.

رموز المستويات اللغوية:

في علم اللغة تستخدم الرموز الآتية:

1. [ ]. هذان القوسان نضع داخلهما الألوفون أو الكتابة الصوتية.
2. / /. هنا نضع الفونيم أو الكتابة الفونيمية.
3. { }. هنا نضع المورفيمات.
4. < >. هنا نضع الحرفيم أو الكتابة العادية.

مثلاً، [م] ألوفون، / م / فونيم، { م } مورفيم يدل على الجمع، < م > حرف الميم في الكتابة العادية.

توزيع الأصوات:

تقع الأصوات في مواقع ثلاثة: الموقع الأولي والموقع الوسطي والموقع الختامي. وللموقع أثر على الصوت من حيث الوجود أو عدمه ومن حيث السمات. مثلاً:

1. الصوائت لا تقع في الموقع الأولي في اللغة العربية.
2. / ŋ / لا تقع في الموقع الأولي في الإنجليزية.
3. / h / لا تقع في الموقع الختامي في الإنجليزية.
4. إذا جاء الوقفي المهموس في الموقع الأولي صار هائياً مثل / ت / في < تاب >.
5. إذا وقع مهموس بين صائتين صار مُجْهَراً، مثل / t / في letter.
6. إذا وقع صائت بين مهموسين صار مُهْمَساً، مثل / i / في sit.

7. إذا وقع الوقفي المهموس ختامياً يجوز أن يكون حبيساً مثل/ ت / في > هاتْ
<.

8. إذا وقع الاحتكاكي أو الأنفي ختامياً زاد طوله، مثل / س / في > رأس <.

ومن المواقع الهامة التي تؤثر على الصوت وسماته ما يلي:

1. موقع أولي أو وسطي أو ختامي.
2. موقع بين صائتين.
3. موقع بين صامتين.
4. موقع بين صائت وصامت.
5. موقع بين صامت وصائت.
6. موقع قبل صامت أو صائت.
7. موقع قبل فاصل أو بعده.

هذه المواقع قد تؤثر في طول الصوت أو إجهاره أو إهماسه أو هائيته أو ما شابه ذلك.

التتابع الأفقي:

جميع الوحدات اللغوية في جميع المستويات اللغوية تتوالى أفقياً وفق نظام محدد تختص به كل لغة. فالفونيمات تتوالى أفقياً وتكون المقاطع. والمقاطع تتوالى وتكون المورفيمات. وهذه المورفيمات تتوالى وتكون الكلمات. وهذه الكلمات تتوالى وتكون الجمل وهكذا.

ومن القوانين التي تحكم تتابع الفونيمات ما يلي:

1. بعض الفونيمات حرة التوزيع، أي يمكن أن تقع أولياً ووسطياً وختامياً. لكن بعضها مقيدة التوزيع، أي تمنع من الوقوع أولياً أو وسطياً أو ختامياً. مثال ذلك فونيمات العلة العربية غذ لا تقع أولياً.

2. بعض الفونيمات صعبة النطق مقارنة بسواها في لغة ما. صعوبة النطق تؤدي إلى قلة الشيوع. هناك تناسب طردي بين السهولة والشيوع: كلما كان الفونيم أسهل نطقاً زاد شيوع استخدامه في اللغة.

3. الأصوات المتنافرة تميل إلى علم التتابع. مثلاً يندر أن تجد كلمة تتوالى فيها / ظ ث خـ ذ / بسبب تنافر هذه الأصوات.

4. هناك أصوات ترحب بتجاور أي صوت لها، مثل / م / وأصوات العلة في العربية. ولكن هناك أصوات لا ترغب في التجاور مع سواها أو سواها لا يرغب في مجاورتها بدرجة عالية مثل / ظ ، ض ، ذ ، ط /.

التقابل الرأسي:

جميع الوحدات اللغوية من نوع واحد تتقابل رأسيأن أي يحل بعضها محل بعض تبادلياً. مثلاً الفونيمات يحل بعضها محل بعض لتكوين الكلمة (سال، زال). الكلمات يحل بعضها محل بعض لتكوين الجملة. وهذه العلاقة التقابلية هي سبيل الاختيار في البناء اللغوي. والتقابل يتم قبل النطق إذ يقرر الدماغ ما يختار قبل حدوث النطق. ولكن التتابع يتم مع النطق. فالتقابل عملية سابقة للكلام، إذ هي عملية اختيار عقلي سابق للكلام. والتتابع عملية ظاهرة تتم مع النطق بالرغم من أنها تتقرر في الدماغ قبل النطق أيضاً.

شيوع الفونيمات:

لو أخذنا عينات لغوية حقيقية من لغة ما وكتبناها كتابة فونيمية وأحصينا الفونيمات من حيث العدد والكيفية ومكان النطق، لوصلنا إلى معلومات عـــن

شيوع الفونيمات في تلك اللغة. في العربية مثلاً وجد مؤلف هذا الكتاب ما يلي:

1. أشيع الفونيمات هي الفتحة القصيرة (17 % من الأصوات التي تستخدمها) والكسرة القصيرة (11%) و / ل / (7%).
2. أندر الفونيمات هي / ظ / (0.36%) و / ز / (0.29%).
3. أشيع الكيفيات الصوائت (41%) وأندرها المزجيات (0.88%).
4. أشيع أماكن النطق اللثة (30%) وأندرها ما بين اللثة والغار (2.31%).
5. المجهورات (77%) أشيع من المهموسات 23%).
6. أشيع الوقفيات / ت / وأندرها / ض /.
7. أشيع الاحتكاكيات / ع / وأندرها / ز /.

العنقود الصوتي:

وهو مجموعة صوائت أو صوامت متتالية في مقطع واحد. وتختلف اللغات في عدد أصوات العنقود. فالعربية لا تسمح بأكثر من صامتين متواللين في المقطع الواحد، مثل سَطْرْ. ولكن الإنجليزية تسمح بثلاثة، مثل / str / في street.

المقطع:

المقطع هو وحدة صوتية أكبر من الفونيم (عادة) وأصغر من المورفيم (عادة). ولكن المقطع قد يكون فونيماً واحداً مثل < a > في able. وقد يكون المقطع مورفيماً واحداً مثل < a > في a book. وللمقطع نواة أو مركز هو الصائت. وله هامشان. مثال ذلك: جَلَسَ. هذه ثلاثة مقاطع، كل مقطعه منها يتكون صامت + فتحة + صفر. الصامت والصفر هما الهامشـــان والفتحـــة هـــي

النواة. وكلمة street مقطع واحد يتكون مما يلي ثلاثة صوامت + نواة + صامت واحد.

والحد الأقصى للمقطع في أية لغة هو ثلاثة صوامت + نواة + ثلاثة صوامت. والحد الأدنى هو صفر + نواة + صفر (أي صوت علة واحد فقط). ويلاحظ أن الصائت (أي صوت العلة) شرط أساسي في كل مقطع. ولكن الصوامت ليست شرطاً في تكوين المقطع. وقد تكون الصوامت صفراً أو واحداً أو اثنين أو ثلاثة قبل النواة. وقد تكون صفراً أو واحداً أو اثنين أو ثلاثة بعد النواة. وبذلك تكون المقاطع على ثمانية عشر شكلاً من ناحية نظرية. لكن اللغة الواحدة لا تحتوي على جميع هذه الاحتمالات، بل تنحصر احتمالات مقاطعها في بضعة أشكال. فالعربية تنحصر أشكال مقاطعها في ثلاثة فقط والإنجليزية في عشرة فقط.

البيئة الصوتية:

نطق الفونيم منفرداً قد يختلف عن نطقه في سياق صوتي. إذا نطق في سياق صوتي فإنه يتأثر بما حوله ويؤثر فيما حوله. على سبيل المثال:

1. مِنْ بَعد. / ن / تصبح / م / من أجل أن تماثل مع / ب / في مكان النطق، الذي هو الشفتان هنا.

2. الشَّمس. / ل / صارت / ش / لإحداث تماثل تامّ مع / ش / التالية لها.

عند نطق الكلمة قد تتغير خصائص الفونيمات من حيث مكان النطق أو الكيفية أو الجهر أو الهمس أو سواه من السمات. وسنرى فيما يلي بعض هذه التغيرات أو الظواهر الصوتية.

بعض الظواهر الصوتية:

من الظواهر الصوتية التي تجدر معرفتها ما يلي:

1. الإجهار. إذا كان الصوت مهموساً وهو منفرد وجاور أصواتاً مجهورة فقد يُجْهَر مثلها متأثراً بالبيئة الصوتية. مثلاً / s / في dogs تصبح / / لتماثل / / في الجهر. ومثل آخر / د / في < ازدواج >، أصلها / ت / ولكن / ت / صارت / د / لأنها جاءت بين / ز / المجهورة و / و / المجهورة.

2. الإهماس. / ل / المنفردة مجهورة. ولكن / ل / في < مِلْك > مُهْمَسة لأنها جاورت / ك / المهموسة. إذا جاور المجهور مهموساً فقد يصبح مُهْمَساً.

3. التشفيه. / هـ / في كلمة (هُمْ) تكتسب الاستدارة لمجاورتها للضمة المدورة. التشفيه هو اسارة الشفتين مع نطق صوت ليس مدوراً وهو منفرد. ويكون الصوت مُشَفَّهاً إذا كانت استدارة الشفتين بتأثير البيئة الصوتية السابقة للصوت أو اللاحقة له.

4. التطويل. الصائت أطول من الصامت عادة. والصائت المنبور أطول من الصائت غير المنبور. والصوت الختامي أطول من الصوت الاستهلالي أو الوسطي. والصامت المجاور لصائت قصير أطول من ذلك المجاور لصائت طويل.

5. توافق الصوائت. تميل الصوائت المتجاورة إلى التشابه. انظر إلى (كتابُهُم) و (كتابِهِم). صارت / هـ / مضمومة لأن / ب / مضمومة. وصارت / هـ / مكسورة لأن / ب / مكسورة. يتغير الصائت هنا ليوافق صائتاً آخر في مقطع سابق.

6. قلب الفونيمات. بعض الفونيمات ثابتة لا تختلف من لهجة إلى أخرى ضمن اللغة الواحدة مثل / م ، ب ، س ، ي /. ولكن بعضها متقلب مثل / ث / التي تتقلب إلى / ت / أو / س / في بعض اللهجات العربية. / ض /

7. قد تتقلب إلى / ظ /. / جـ / قد تتقلب إلى / ي / أو / g /. / ذ / قد تتقلب إلى / د / أو / ز /.

8. التقديم والتأخير. قد يتقدم مكان نطق صوت ما بتأثير صوت أو أصوات مجاورة. / ك / في (كي) متقدمة عن / ك / في (كا). / ك / في (كو) متأخرة نسبياً. وهذا يحدث مع عديد من الأصوات إذ تتأثر بالسياق الصوتي. ويحدث التقديم أو التأخير ضمن مدى محدد لا يتجاوزه إلى منطقة أخرى.

9. التفخيم. يحدث التفخيم عند ارتفاع مؤخر اللسان نحو الطبق وتراجعه إلى الحلق. وقد يكون تفخيماً كاملاً مثل / ص ض ط ظ / أو يكون جزئياً مثل / خ ، غ /. وقد يكون مؤقتاً مثل / ل / في لفظ الجلالة إلاّ بعد الكسرة. وقد يكون سياقياً مثل / ا / و / ل / بسبب تأثير / ص / في (صال).

المماثلة:

المماثلة ظاهرة صوتية يتكيف معها صوت ما ليماثل صوتاً آخر مجاوراً له. وهي على أنواع:

1. مماثلة تقدمية. يؤثر صوت ما في صوت تالٍ له. مثلاً في كلمة (ازتهر)، / ز / أثرت في / ت / وحولتها إلى / د / فصارت (ازدهر).

2. مماثلة رجعية. هنا يؤثر صوت ما في آخر سابق له. مثلاً في (مِنْ بَعْد)، / ب / تؤثر في / ن / وتحولها إلى / م /.

3. مماثلة تجاورية. هنا يؤثر صوت في آخر ملاصق له تماماً. مثلاً في (التفاح)، / ل / تحولت إلى / ت / بتأثير / ت /. والصوتان، المؤثر والمتأثر، متلاصقان.

4. مماثلة تباعدية. هنا الصوتان غير متلاصقين. مثلاً في (صَبَرَ) تفخمت / ر / بتأثير / ص / وهما ليسا متلاصقين.

5. مماثلة تامة. يتحول صوت إلى صوت مطابق للمؤثر، مثلاً في (الرُّمان)، / ل / تحولت إلى / ر / لتطابق / ر /.

6. مماثلة جزئية. يتغير صوت ليصبح أكثر تشابهاً مع صوت آخر. مثلاً / ا / في كلمة (طائر) اكتسبت بعض التفخيم لتماثل / ط / في التفخيم.

ويلاحظ أن (التقدمية والرجعية) تقسيم للمماثلة من حيث اتجاه التأثير. أما (التجاورية والتباعدية) فهي تقسيم للمماثلة من حيث درجة تجاور الصوتين. وأما (التامة والجزئية) فهي تقسيم للمماثلة من حيث درجة التماثل بين الصوت المؤثر والصوت المتأثر.

الميل إلى الاقتصاد:

كثير من الظواهر اللغوية يمكن تفسيرها على أساس مبدأ "الميل إلى الاقتصاد"، ذلك لأن اللغة سلوك بشري والبشر يميلون بطبعهم إلى توفير الجهد والوقت ما أمكن ذلك. ولذلك، فإن الناس يحذفون أصواتاً أو كلمات من جمل بدافع الاقتصاد في الجهد. وما الإهماس والإجهار والمماثلة إلا سلوك بشري لغوي يقع ضمن هذا الإطار.

الميل إلى الثنائية:

يميل النظام الصوتي (بل اللغوي بشكل عام) إلى نظام الثنائية. فالأصوات صائتة أو صامتة. والصوامت وقفية أو امتدادية. وهي طويلة أو قصيرة. وهي فموية أو أنفية. إن الثنائية سمة من سمات النظام اللغوي بشكل عام والنظام الصوتي بشكل خاص.

أسئلة وتمارين:

1. ما الفرق بين الفونيم والألوفون؟ أعط أمثلة لفونيمات وألوفوناتها في أية لغة تشاء.
2. كيف تتأكد من فونيمية صوت ما؟
3. ما الفرق بين علاقات الفونيم الأفقية وعلاقاته الرأسية؟ وهل تنطبق هذه العلاقات على المستويات اللغوية غير الصوتية؟
4. ما الفرق بين الفونيمات والحرفيمات؟
5. لماذا نجد أن بعض الفونيمات أشيع من بعض؟
6. ما الفرق بين العنقود الصوتي والمقطع؟
7. إذا كان الحد الأدنى للمقطع صائتاً واحداً والحد الأعلى ثلاثة صوامت ثم صائت ثم ثلاثة صوامت، فما هي احتمالات المقاطع نظرياً؟
8. أعط مزيداً من الأمثلة على كل ظاهرة من الظواهر الصوتية المذكورة في هذا الفصل.
9. أعط مزيداً من الأمثلة على أنواع المماثلة المتعددة.
10. أعط أمثلة إضافية على مبدأ الثنائية في النظام الصوتي لأية لغة.
11. ما هي أشكال المقاطع الثلاثة في العربية؟ حَلِّل عينات لغوية لمعرفة الجواب.
12. ما هي أشكال المقاطع العشرة في الإنجليزية؟ حَلِّل عينات لغوية للاهتداء إلى الجواب.
13. ما الفرق بين الهمس والإهماس، الجهر والإجهار، التدوير والتشفيه، الأنفية والتأنيف، الطبقي والمطْبَق؟

14. ما هي الظواهر الصوتية التي تراها في كل من الكلمات الآتية: صَائِمْ، مصطفى، impossible، كريمْ، الثالث، الربيع، مِنْ بعيد، improbable؟

15. ما هي تقلبات كل من / جـ /، / ث /، / ذ /، / ظ /، / ق /، / غ /، / س /، / م / في اللهجات العربية إن وجدت؟

16. ما الفرق بين / ل / العربية و / I / الإنجليزية من حيث التفخيم والترقيق؟

17. ما الفرق بين سمة التفخيم في العربية والإنجليزية من حيث الوظيفة؟

18. كيف تنبني اللغة أفقياً ورأسياً؟

19. ما تأثير موقع الصوت وبيئته على سماته؟ أعط أمثلة.

الفصل الرابع

علم الصرف

تعريف علم الصرف:

علم الصرف هو العلم الذي يبحث في الوحدات الصرفية، أي في المورفيمات أو الصرفيمات. وهو بذلك جزء من علم القواعد الذي يتكون من علم الصرف وعلم النحو. ونستطيع القول بأن علم الصرف يبحث في بناء الكلمة، في حين أن علم النحو يبحث في بناء الجملة.

المورفيم والألومورف:

المورفيم هو أصغر وحدة لغوية ذات معنى، إذ لا يمكن تقسيمه إلى وحدات أصغر ذات معنى. مثلاً كلمة (كرسيّ) مورفيم واحد له معنى ولا يمكن تقسيمه إلى وحدات أصغر ذات معنى. وكذلك كل من الكلمات الآتية: رجل ، ولد ، باب ، حجر ، طريق.

وكما أن الفونيم يتكون من ألوفونات (في توزيع تكاملي أو تغير حر)، وكما أن الحرفيم يتكون من ألوحروف (في توزيع تكاملي أو تغير حر)، فإن المورفيم يتكون من ألومورفات في توزيع تكاملي أو تغير حر. على سبيل المثال، مورفيم الجمع في العربية يتكون من عدة ألومورفات هي: {ون، ين، ات، جمع تكسير}، كما في (معلمون، معلمين، معلمات، أولاد) على التوالي. وكذلك في الإنجليزية، فإن مورفيم الجمع يتكون من الألومورفات الآتية:

{ s, z, iz, en, zero } كما sheep, oxen, brushes, dogs, books في على التوالي.

مبدأ الإيم:

نرى أن اللغة (أية لغة) تحتوي على مبدأ الإيم. ومن تطبيقاته الفونيم والحرفيم والمورفيم. وكل منها وحدة مجردة تتحقق عن طريق تنوعات تدعى ألوفونات وألوحروف وألومورفات على التوالي. فالإيم تعني وحدة مجردة والألو تعني وحدة حقيقية متنوعة تشكل مع سواها عناصر الوحدة المجردة. فالألوفونات تشكل فونيماً والألوحروف تشكل حرفيماً والألومورموفات تشكل مورفيماً. والوحدات الحقيقية تكون دائماً في توزيع تكاملي أو تغير حر.

المورفيم والمطقع:

يختلف المورفيم عن المقطع فيما يلي:

1. المورفيم وحدة ذات معنى بالضرورة. كل مورفيم له معنى. ولكن المقطع قد يكون له معنى وقد لا يكون. (في) مقطع وله معنى، بل هي كلمة مستقلة (حرف جر). وكذلك كل من الوحدات الآتية: عن، بِـ (حرف جر أو قسم)، سَ (للتسويف). ولكن هناك مقاطع عديدة لا معنى لها. مثلاً كلمة (عديدْ) تتكون من المقطعين عَ + ديد. { عَ، ديدْ } هما مقطعان دون معنى.
2. المورفيم وحدة دلالية أساساً. والمقطع وحدة صوتية.
3. المورفيم يتكون من مقطع واحد أو أكثر. { جَلَسَ } مورفيم واحد يتكون من ثلاثة مقاطع. { سَ } للتسويف وهي مورفيم واحد يتكون من مقطع واحد.

4. هناك مورفيمات تتكون من جزء من مقطع أو من فونيم واحد، مثلاً / تْ / في ذهبتْ. { ت } مورفيم للتأنيث تتكون من صوت واحد هو / تْ / وهو ليس مقطعاً. كذلك { s } في books هي مورفيم ولكنها ليست مقطعا.

المورفيم والكلمة

هناك فروق بين المورفيم والكلمة:

1. المورفيم له معنى والكلمة لها معنى. ولكن المورفيم غير قابل للتجزئة إلى وحدات أصغر ذات معنى، في حين أن الكلمة قد تحتمل التجزيء. مثلاً (ولد) مورفيم وهي أيضاً كلمة. ولكن (المدرِّسون) التي هي كلمة واحدة تتكون من عدة مورفيمات: { أل + مدرِّس + و + ن }.

لاحظ أن (أل) تعني التعريف، (و) تعني الجمع، (ن) تعني عدم الإضافة. كما أنه من الممكن النظر إلى (مدرِّس) على أنها تتكون من مورفيمين هما (درس) و (صيغة اسم الفاعل).

2. ليس كل مورفيم كلمة. بعض المورفيمات ليست كاملة مثل { أل } التعريف و { ت } التأنيث. من ناحية أخرى، بعض الموؤفيمات تشكل كلمات، مثل باب، نبات، ماء، زيت؛ هنا كل مورفيم كلمة مستقلة.

3. ليس كل كلمة مورفيماً واحداً. بعض الكلمات تتكون من مورفيم واحد، ولكن بعض الكلمات تتكون من مورفيمين أو اكثر. مثلاً كلمة (الولد) تتكون من { أل + ولد }؛ كلمة (المعلمة) تتكون من { أل + معلم + ة}.

4. هناك كلمات أحادية المورفيم (مثل ولد، رجل، باب)، وكلمات ثنائية المورفيم (مثل الولد، جاءتْ، ذهبوا، دارس)، وكلمات متعددة المورفيمات (مثل المعلمون، الدارسون).

المورفيم الحر والمورفيم المقيد:

المورفيم (ولد) في كلمة (الولد) مورفيم حر، لأنه يمكن أن يكون كلمة مستقلة بذاته دون حاجة إلى الارتباط بمورفيمات أخرى. وكذلك المورفيمات (رجل، بنت، زيت، خشب، حديد). كل منها مورفيم حر من الممكن أن يستعمل كلمةٌ مستقلة دون حاجة إلى مورفيمات أخرى.

ولكن (أل) التعريف مورفيم مُقَيَّد لأنها لا تكوّن كلمة مستقلة اعتماداً على ذاتها. وكذلك واو الجماعة في (ذهبوا)، تَ في (جلستَ)، ألف الاثنين في (ذهبا)، s في chairs ، ess - في lioness (حيث تفيد التأنيث)، - en في enrich (للتعدية).

المورفيمات الزائدة:

كلمة (صَامَ) مورفيم واحد، وهي كلمة واحدة تتكون من مقطعينن وهي خالية من الزوائد. ولكن كلمة (الصائمون) يمكن تحليلها على النحو الآتي: أل + صام + اسم فاعل + و + ن. إذاً هي خمسة مورفيمات. جذر هذه الكلمة هو (صام)، (أل) سابقة، (و) لاحقة، (ن) لاحقة، اسم الفاعل داخلة.

انظر إلى كلمة co- operation. الجذر هو operate ، - co سابقة، ion - لاحقة. انظر إلى ee في feet التي هي أصلاً foot ؛ (ee) تعتبر داخلة.

وهكذا نرى أن المورفيمات تنقسم إلى ما يلي:

1. الجذر. وهو المورفيم الأساسي في الكلمة، وهو النواة التي تتمركز حولها المورفيمات الأخرى. وهو الذي يعطي الكلمة الجزء الأكبر من معناها.
2. السابقة. وهي المورفيم الذي يسبق الجذر. مثل (أل) التعريف في

العربية، un في unimportant , dis في discourage، im في improbable.

3. اللاحقة. وهي المورفيم الذي يلي الجذر، مثل الضمائر المتصلة بالفعل في العربية كما في ذهبوا، جلستَ، كتبنا، وصلتُم. ومثل ion في translation ، er في teacher، ing في teaching.

4. الداخلة. وهي مورفيم يدخل وسط الجذر، مثل ee في teeth، a في sang، وصيغة اسم المفعول في (مكتوب). وفي كثير من الحالات، تكون الداخلة مورفيماً بديلاً يحل محل فونيمات وسط الجذر، مثل (e) في (men) التي تحل محل (a) في man.

5. العالية. البعض يعتبر النبرة الرئيسية فوق نواة المقطع مورفيماً زائداً له معنى لا يؤثر في المعنى.

6. المحيطة. وهي زائدة منقطعة (غير متصلة) جزء منها يسبق الجذر وجزء منها يلحق به، ولذلك فهي تحيط بالجذر إحاطة.

وهكذا فالمورفيم إما جذر وإما زائدة. والزائدة على أنواع: سابقة، داخلة، لاحقة، عالية، أو محيطة. وبذلك تتكون الكلمة من جذر فقط أو من جذر وزوائد. والزوائد هي بالطبع مورفيمات مقيدة، في حين أن الجذور (غالباً وليس دائماً) مورفيمات حرة.

المورفيم الاشتقاقي والمورفيم التصريفي:

في بعض اللغات يظهر بوضوح نوعان من المورفيمات: اشتقاقية وتصريفية. المورفيم الاشتقاقي هو مورفيم به نشتق كلمة جديدة من كلمة أخرى. مثلاً من (كَتَبَ) نستطيع أن نشتق الكلمات الآتية: كتابة، كاتب، مكتوب، مَكْتَب، وهي على وزن فِعَالة، فاعل، مفعلو، مَفْعل على التوالي.

من كلمة (عَلَّم) نشتق تعليم، معلِّم، تعليمات، عَلاَّمة، مُعَلَّم، ... الخ. من كلمة probable نشتق improbable و probability و improbability.

ويكن أن نعبر عن الاشتقاقات السابقة كما يلي:

كتَبَ + وزن فاعل ⟵ كاتب

كتَبَ + وزن مفعول ⟵ مكتوب

كتَبَ + وزن فِعالة ⟵ كتابة

كاتبَ + وزن مفعل ⟵ مَكْتَب

ويمكن أن نقول عن وزن فاعل هو مورفيم اشتقاقي امتزج مع (كتب) لتكوين كلمة (كاتب). وهكذا الحال مع مكتوب وكتابة ومكتب. ويجب أن نلاحظ أن مورفيم فاعل مثلاً حَوَّل الفعل إلى اسم، وكذلك مورفيمات مفعول وفعالة ومفعل.

انظر إلى المورفيمات الآتية في الأمثلة التالية:

1) kind + ness ⟶ kindness

2) work + er ⟶ worker

3) move + ment ⟶ movement

4) en + rich ⟶ enrich

في الأمثلة الإنجليزية السابقة حدث التحول الآتي:

1. صفة + neess ⟵ اسم (مصدر).

2. فعل + er ⟵ اسم عام

3. فعل + ment ⟵ اسم (مصدر).

4. en + صفة ⟵ فعل

ولكن انظر إلى الأمثلة التالية:

يَ + كتب ⟵ يكتب

نَ + كتب ⟵ نكتب

تَ + كتب ← تكتب

أ + كتب ← أكتب

نلاحظ أن { يَ } مورفيم يدعل على الغائب بغض النظر عن العدد، { نَ } مورفيم يدل على جميع المتكلم، { تَ } مورفيم يدل على المخاطب بغض النظر عن العدد، { أ } مورفيم يدل على المتكلم المفرد. هذه الوحدات الأربع مورفيمات تصريفية لأن الفعل بقي فعلاً، لأنها لم تعط معنى جديداً تماماً للفعل. بالطبع أثرت في المعنى إذا حَوَّلت الماضي إلى مضارع ولكن المعنى الأساسي بقي ثابتاً والفعل بقي فعلاً.

انظر إلى هذه الأمثلة:

معلّم + و ← معلّمو.

معلم + ا ← معلما.

معلمة + ات ← معلمات.

{ و } مورفيم جمع المذكر السالم، { ا } مورفيم التثنية، { ات } مورفيم جمع المؤنث السالم. هذه الثلاثة أيضاً مورفيمات تصريفية لم تخرج الكلمة عن معناها الأساسي وبقي الاسم اسماً.

انظر إلى هذه الأمثلة:

1) معلمو + ن ← معلمون
2) معلما + ن ← معلمان
3) تعملي + ن ← تعملين
4) تكتبوا + ن ← تكتبون

في المثال (1)، { ن } مورفيم الانقطاع عن الإضافة بعد جمع المذكر السالم. { ن } في المثال (2) مورفيم الانقطاع عن الإضافة بعد المثنى. { ن } في المثال (3) بعد ياء المخاطبة مع المضارع هي مورفيم الرفع أو مورفيم غياب الناصب والجازم. وكذلك { ن } في المثال الرابع بعد

واو الجماعة مع المضارع. { ن } في الحالات الأربع مورفيم تصريفي وليس اشتقاقياً، لأن الفعل بقي فعلاً والاسم بقي اسماً ولأن معنى الجذر هنا لم يتغير.

في الإنجليزية { s } في books مورفيم تصريفي يدل على الجمع، { s } في writes مورفيم تصريفي أيضاً يدل على المفرد الغائب. { -er } في faster مورفيم تصريفي يدل على الأفضلية.

المورفيم القواعدي:

هناك نوع من المورفيمات ليس اشتقاقياً وليس تصريفياً وليس له معنى. ولكن له وظيفة صرفية أو نحوية (أي وظيفة قواعدية). انظر إلى الأمثلة الآتية:

1. أراد أنْ يكتب. ما معنى أن؟ لا معنى لها ولكن لها وظيفة نحوية هي المساهمة في تكوين المصدر المؤول.
2. دعاني. ما معنى / ن / هنا؟ لا معنى لها وليست هي جزءاً من كلمة (دعا) ولا جزءاً من / ي / المتكلم. ولكن لها وظيفة وهي أن تقي الفعل من الكسر، ولذا تدعى نون الوقاية.
3. كتابٌ. ما معنى التنوين هنا؟ لا معنى له. ولكن له دوره إذ يدل على انقطاع الكلمة عن الإضافة.
4. فتح الكتابَ. ما معنى الفتحة على الباء؟ لا معنى لها بدليل أن حذفها لا يغير المعنى. ولكن لها دور نحوي وهو بيان المفعولية.
5. جاءَ الولدُ. الضمة هنا لا معنى لها وحذفها لا يؤثر في المعنى. ودورها نحوي وهو بيان الفاعلية. والفاعلية واضحة من السياق ولكن الضمة تؤكد بيان هذه الفاعلية.

6. ذهب إلى المدرسة. الكسرة هنا مورفيم قواعدي لا معنى له. دوره بيان المجرورية.

المورفيم المتصل والمورفيم المتقطع:

(1) (كْ + تْ + بْ) + مورفيم فاعل ← ك + ا + ت + ـِ + ب

(2) (كْ + تْ + بْ) + مورفيم مفعول ← م + ـَ + ك + ت + و + ب

(3) (كْ + تْ + بْ) + مورفيم اسم المكان ← م + ـَ + ك + ت + ـَ + ب

نلاحظ أن مورفيم الفعل هو { ك ت ب} وهو مورفيم متصل. ولكن عندما نشتق من (كتب) كلمات جديدة يتقطع مورفيم (كتب) ويصبح مورفيماً متقطعاً. ونلاحظ أيضاً ما يلي:

(4) مورفيم الفاعل = كاتب - ك ت ب = 1 + 0 + ـِ + 0

(5) مورفيم المفعول = مكتوب - ك ت ب = م + ـَ + 0 + 0 + و + 0

(6) مورفيم اسم المكان = مكتب - ك ت ب = م + ـَ + 0 + 0 + ـَ + 0

وتوضيحاً للمعادلات 4 ، 5 ، 6 نذكر ما يلي: إذا طرحنا الجذر (ك ت ب) من (كاتب)، يبقى صفر + ألف + صفر + كسرة + صفر. والأصفار الثلاثة هي مواقع كل من / ك ت ب / المطروحة. وهكذا الحال في المعادلة (5) والمعادلة (6). لاحظ أن ـَ تعني فتحة وأن ـِ تعني كسرة. ونلاحظ أيضاً أن مورفيم الفاعل مورفيم متقطع، وكذلك مورفيم المفعول ومورفيم اسم المكان. وينطبق الشيء ذاته على مورفيم المصدر ومورفيم اسم الزمان ومورفيم صيغة المبالغة ومورفيم اسم الآلة. كلها مورفيمات متقطعة.

عدد المورفيمات:

إن أدنى وحدة لغوية هي الفونيمات ثم نصعد إلى المقاطع، ثم إلى المورفيمات، ثم إلى الكلمات، ثم إلى الجمل. ونلاحظ أن هناك تناسباً طردياً بين مكانة الوحدة اللغوية وعندها: كلما تدنت مكانة الوحدات قلّ عددها، وكلما علت مكانتها زاد عددها. ويمكن أن تدعى هذه الظاهرة ظاهرة الهرم المقلوب.

عدد الفونيمات في أية لغة قد يتراوح بين عشرين وأربعين. عدد فونيمات العربية (الصوامت والصوائت معاً) هو أربعة وثلاثون وعدد فونيمات الإنجليزية (الصوامت والصوائت معاً) هو أربعة وثلاثون وعدد فونيمات الإنجليزية (الصوامت والصوائت معاً) هو ثلاثة وثلاثون. لنأخذ فونيمات العربية الأربعة والثلاثين. منها نكوِّن بضع آلاف من المقاطع. من هذه المقاطع نكوِّن عشرات الآلاف من المورفيمات. من هذه المورفيمات نكوِّن مئات الآلاف من الكلمات. من هذه الكلمات نكوِّن بلايين الجمل المتنوعة. وهذه أعجوبة اللغة: من أربعة وثلاثين صوتاً نكوِّن عدداً لا نهائياً من الجمل ومئات الآلاف من الكلمات وعشرات الآلاف من المورفيمات.

ومن ناحية أخرى، نجد ما يلي:

1. في اللغات عادة، معظم المورفيمات متصلة. وقليل منها متقطعة.
2. المورفيمات الجذرية أكثر عدداً من المورفيمات الزائدة.
3. المورفيمات الحرة أكثر عدداً من المورفيمات المقيدة.

الجذر والساق:

لنأخذ كلمة مثل (السابحون) التي تتكون من المورفيمات الآتية: ال + سبح + مورفيم فاعل + و + ن (أي خمسة مورفيمات). ما هو جذر هذه الكلمة؟ جذرها (سبح). ولكن (أل) لا تدخل على (سبح) لأنها فعل، بل تدخل على الاسم. (و) جمع المذكر السالم كذلك لا تدخل على (سبح). (ن) لا تدخل على

(سابح) بل على (سابحو). (و) هنا لم تدخل على الجذر (سبح)، بل على الساق (السابح). (ن) هذا لم تدخل على الجذر (سبح) ولا على (السابح)، بل على الساق (سابحو).

الساق هو ذلك الجزء من الكلمة الذي يضاف إليه المورفيم:

المورفيم		الساق	المورفيم		المُنْتَج
0	+	سبح	مورفيم فاعل	←	سابح
0	+	سابح	و	←	سابحو
0	+	سابحو	ن	←	سابحون
ال	+	سابحون	0	←	السابحون

الجذر لجميع هذه المنتجات (أو الكلمات) واحد وهو (سَبَحَ). ولكن الساق يختلف في كل مرةز الساق في (سابح) هو سبح، والساق في (سابحو) هو (سابح)، والساق في (سابحون) هو (سابحو)، والساق في (السابحون) هو (سابحون).

في اللغة الإنجليزية، يوجد الفرق ذاته بين الجذر والساق. لاحظ كلمات workers، worded، working. الجذر هو work في الحالات الثلاث. لكن الساق في workers هو worder والساق في working هو work.

كلمات المحتوى والكلمات الوظيفية:

انظر إلى هاتين المجموعتين من الكلمات:

1. جَلَسَ، شرب، شراب، مدرسة، رجل، ليل، جامعة، كتاب، سيارة، مدينة، شارع، شجرة.
2. في ، عن ، إلى ، على ، واو ، إنَّ، إذا، سوف، قد، بِ، إنْ.

المجموعة الأولى تتكون من كلمات مليئة بالمحتوى، غنية بالدلالة، ولكن المجموعة الثانية تتكون من كلمات فقيرة في معناها ومحتواها. المجموعة الأولى

تدعى كلمات محتوى. المجموعة الثانية تدعى كلمات وظيفية لأن لها وظيفة نحوية، والبعض يدعوها كلمات خاوية لأنها فقيرة في معناها، والبعض يدعوها كلمات تركيبية أو نحوية لأنها تساعد في بناء التركيب النحوي للجملة.

هناك عدة فروق بين كلمات المحتوى والكلمات الوظيفية:

1. من حيث العدد، يفوق عدد كلمات المحتوى عدد الكلمات الوظيفية في أية لغة. ففي الوقت الذي قد يصل فيه عدد كلمات المحتوى في لغة ما إلى نصف مليون كلمة، لا يزيد عدد الكلمات الوظيفية عن بضع مئات في حده الأقصى.
2. كلمات المحتوى تشمل الأسماء والصفات والأحوال والأفعال في أية لغة. ولكن الكلمات الوظيفية تشمل الحروف عادة مثل حروف العطف والجر والقسم والشرط والنفي وسواها من الحروف.
3. رغم أن عدد الكلمات الوظيفية قليل جداً إذا قورن بعدد كلمات المحتوى معجمياً، إلاّ أن شيوع الكلمات الوظيفية في الاستعمال أعلى من شيوع كلمات المحتوى إذا أخذنا عددها بعين الاعتبار. لو افترضنا أن العربية تحتوي على مئتي كلمة وظيفية ومئة ألف كلمة محتوى، فإن نسبة الكلمات الوظيفية اثنان في الألف من كلمات المحتوى. ولكن بحثاً إحصائياً قام به مؤلف هذا الكتاب دلَّ على أن الحروف تعادل 31% من مجموع الكلمات التي نستخدمها في الجمل المكتوبة وأن الأفعال تعادل 11% وأن الأسماء تعادل 58%. وهذا يؤكد أن الكلمات الوظيفية أكثر تكرارية من كلمات المحتوى نظراً لارتفاع نسبة شيوعها وانخفاض عددها، مما يرفع تكرارية كل كلمة

وظيفية منفردة. إن نسبة 31% تتوزع على مئتي كلمة وظيفية فقط، ولكن نسبة 69% الباقية تتوزع على مئة ألف كلمة محتوى.

4. معظم رسالة الجملة تنقلها كلمات المحتوى. ولو حذفنا الكلمات الوظيفية من جملة ما لوجدنا أن معظم الرسالة بقي سليماً في معظم الحالات. ولكن لو حذفنا كلمات المحتوى من جملة ما لما بقي من رسالة الجملة شيء ذو بال. مثلاً جملة (ذهب الولد إلى المدرسة). لو حذفنا (إلى) وقلنا (ذهب الولد المدرسة)، لبقي المعنى مفهوماً. ولكن لو حذفنا كلمات المحتوى (ذهب الولد المدرسة) من الجملة، لما فهمنا شيء من الباقي.

1. كلمات المحتوى تبني معنى الجملة. ولكن الكلمات الوظيفية تبني نحوية الجملة، تجعلها صحيحة سليمة نحوياً وتجعلها أكثر وضوحاً. كلمات المحتوى ضرورية للمعنى والكلمات الوظيفية ضرورية للمبنى.

2. الكلمات الوظيفية في أية لغة ليست محدودة العدد فقط، بل ثابتة العدد أيضاً، أي لا يزيد عددها ولا ينقص مع مرور القرون. ولكن كلمات المحتوى قابلة للزيادة مع مرور القرون والتقدم العلمي والحضاري لشعب ما.

الكلمات النشيطة والكلمات الخاملة:

عندما يولد الطفل تكون جميع كلمات لغته مجهولة لديه. ثم يبدأ الطفل بالتعرض للغته يسمعها ممن حوله. شيئاً فشيئاً تتكون لديه حصيلة كلمات خاملة في البداية، أي يفهمها ’ذا سمعها ولكنه لا ينطقها بادئ ذي بدء. ومع نمو الطفل تنو مفرداته. ولكن لا تكون الكلمات كلها متساوية لديه: هناك كلمات يعرفها وينطقها ويستعملها وهناك كلمات يعرفها ولا يستعملها، بل يفهمها إذا سمعها.

الكلمات التي نعرفها ونستخدمها في الكلام والكتابة نسميها كلمات نشيطة. أما الكلمات التي نعرفها ولكن لا نستخدمها نسميها كلمات خاملة. والتقسيمات لدى الفرد ليست ثابتة: فالكلمات الخاملة لدى الفرد اليوم قد تصبح نشيطة فيما

بعد، والكلمات النشيطة اليوم قد تصبح خاملة فيما بعد بفعل النسيان أو بسبب عدم الحاجة إليها. ولكن في الأحوال العادية، وبفعـل التعلـم والتعـــرض

اللغوي، يزداد رصيد الكلمات الخاملة لدى الفرد على حساب الكلمات المجهولة. كما أن قسماً من الكلمات الخاملة يتحول إلى كلمات نشيطة. ففي الأحوال العادية، يزداد رصيد الكلمات النشيطة ورصيد الكلمات الخاملة لدى الفرد.

وفي العادة، إن عدد الكلمات الخاملة لدى الفرد أكثر من الكلمات النشيطة لديه. إننا نعرف كثيراً من الكلمات ولكن لا نستخدم في حياتنا اليومية سوى عدد محدود منها. على سبيل المثال، نعرف القرطاس واليراع والرئبال والغضنفر والرُّوع، ولكن من منا يدخل مكتبة ويسأل عن "يراع"؟! هناك كلمات نعرفها ونخزنها وهناك كلمات نعرفها ونستخدمها. هناك كلمات للتخزين في الذاكرة (وهي الكلمات الخاملة)، وهناك كلمات للاستخدام النشيط (وهي الكلمات النشيطة).

الكلمات العامة والكلمات الخاصة:

انظر إلى هاتين المجموعتين من الكلمات:

1. كرسي، باب، نافذة، غرفة، ملابس، حديقة، بيت، سيارة، مدرسة، ولد، رجل، بنت، كتاب، قلم.

2. نبرة، نووي، كهرومغناطيسي، سديم، يرقة، بقعة شمسية، بروتون، فوتون، صائت، المُدْخلات، حُبْسة.

كل من يعرف اللغة العربية يعرف ويستخدم كلمات المجموعة الأولى. إنها كلمات الحياة اليومية التي نستخدمها دائماً ويستخدمها الجميع ويسمعها الجميع بتكرار واضح. إنها الكلمات العامة من بين مفردات اللغة. ولكن لو نظرنا إلى المجموعة الثانية لوجدنا أنها كلمات خاصة وأن كثيراً من الناس لا يعرفون معناها ولا يستخدمونها. إنها كلمات متخصصة. (فالنبرة) مصطلح في علم

الأصوات اللغوية. (نووي) مصطلح في علم الفيزياء، وكذلك (كهرومغناطيسي). (سديم) مصطلح في علم الفلك. (يرقة) مصطلح في علم الحيوان. (بقعة شمسية) مصطلح في علم الفلك. (بروتون) مصطلح في علم الفيزياء النووية. (فوتون) مصطلح في علم الضوء. (صائت) مصطلح في علم اللغة. (مدخلات) مصطلح في علم الحاسوب. (حُبْسة) مصطلح في علم الطب.

الكلمات العامة أكثر شيوعاً في الاستعمال من الكلمات الخاصة. الكلمات العامة تجدها في المعاجم العامة للغة. ولكن الكلمات الخاصة قد لا تجدها في المعجم العام، بل تجدها عادة في المعجم المتخصص. ومن المعروف أن لكل علم من العلوم مصطلحاته الخاصة به التي لا يعرفها جيداً سوى المتخصصين في ذلك العلم. كما أن الكلمات العامة في الغالب ثابتة عدداً، إنها في العادة لا تزيد عدداً. ولكن الكلمات الخاصة هي التي تنو عدداً من اتساع العلوم والمعارف والاختراعات والاكتشافات والنظريات والبحث العلمي.

الكلمات الشائعة والكلمات النادرة:

لا تتساوى الكلمات في درجة شيوعها في الاستعمال الكلامي أو الاستعمال الكتابي. هناك كلمات عالية الشيوع وكلمات متوسطة الشيوع وكلمات نادرة الشيوع. ولقد قام العديد من الباحثين في كل لغة بإحصاء درجات شيوع الكلمات. فقد حاولوا تحديد أشيع ألف كلمة أو أشيع عشرة آلاف كلمة أو أشيع عشرين ألف كلمة أو أشيع ثلاثين ألف كلمة.

وبالطبع إن دراسات الشيوع في لغة ما لا تعطي النتائج ذاتها بسب اختلاف المادة اللغوية موضع الدراسة. فبعض الباحثين يجعل مادة الصحف مجالاً لبحثه، والبعض يبحث في مادة الكتب الدراسية، والبعض يبحث في مادة اللغة المحكية. وهكذا، مع اختلاف العينات اللغوية موضع الدراسة لا يتوصل الباحثون إلاّ إلى نتائج مختلفة. العينات اللغوية تختلف من باحث إلى آخر من حيث حجمها ومن حيث مجالها ومن حيث اتساعها ومن حيث موضعها.

ويمكن أن يتوقع المرء عدة استخلاصات من دراسات الشيوع:

1. الكلمات العامة أشيع من الكلمات الخاصة.
2. الكلمات الوظيفية أشيع من كلمات المحتوى.
3. الكلمات النشيطة أشيع من الكلمات الخاملة.
4. الكلمات القصيرة أشيع من الكلمات الطويلة.
5. الكلمات السهلة أشيع من الكلمات الصعبة.

أنواع الكلمة:

في اللغة العربية يقسم علماء اللغة الكلام إلى ثلاثة أقسام: اسم وفعل وحرف. ولكن في اللغة الإنجليزية يقسمونه إلى ثمانية أقسام: اسم وضمير وصفة وظرف وفعل وحرف عطف وحرف جر وأداة تعجب. الاسم في العربية يعادله في الإنجليزية اسم وضمير وصفة وظرف. والحرف في العربية يعادله في الإنجليزية العطف والجر والتعجب. لا نريد هنا أن ندخل في أسباب التقسيم العربي الثلاثي والتقسيم الإنجليزي الثماني.

ولكن بصفة عامة يمكن أن يتم تقسيم الكلام من منطلقات مختلفة: تقسيم دلالي وتقسيم صرفي وتقسيم وظيفي.

التقسيم الدلالي يرتكز على التصنيف حسب المعنى. مثلاً نقول إن الاسم هو كلمة تدل على اسم شخص أو شيء أو مكان أو حيوان. الفعل هو كلمة تدل على حدوث أمر ما. الصفة كلمة تدل على نوعية اسم ما. الظرف كلمة تدل على مكان أو زمان فعل ما. مثل هذا التصنيف تصنيف دلالي لأنه يعتمد على معنى الكلمات المصنفة.

أما التقسيم الصرفي فإنه يعتمد على المورفيمات التي يمكن أن تقبلها الكلمة. مثلاً يمكن أن نقول: الكلمة التي تقبل { ال } التعريف هي اسم، مثل

الولد، الكتاب، الرجل، الجامعة، الأستاذ، الطالب. الكلمة التي تقبل { ات } هي اسم مثل معلمات، طالبات، مجتهدات، مؤدبات، محتشمات، طاهرات، مسلمات، عفيفات، خاشعات. الكلمة التي تقبل { ون } هي اسم مثل مجتهدون، خاشعون، صائمون، صابرون، الكلمة التي تقبل { تْ } التأنيث هي فعل ماض مثل جاءَتْ، كَتَبتْ، درسَتْ، صامَتْ، نجحَتْ. الكلمة التي تقبل التنوين هي اسم مثل محمدٌ، صابرٌ، مجتهدٌ، نادرٌ.

في معظم اللغات، يمكن أن تنقسم الكلمات على أساس صرفي. في الإنجليزية مثلاً، الكلمة التي تقبل { s - } للجمع هي اسم. والكلمة التي تقبل { er - } هي صفة. والكلمة التي تقبل { ly - } هي صفة صارت ظرفاً. والكلمة التي تقبل { ed - } هي فعل وهكذا.

أما التقسيم الوظيفي للكلمات فيعتمد على الوظيفة التي تؤديها الكلمة في قالب لغوي ما مثلاً:

1. كل كلمة تقع في هذه الخانة هي اسم: إنَّ ــــ .... أي كل كلمة يمكن أن تكون اسم إنَّ هي اسم.
2. كل كلمة تقع في هذه الخانة هي اسم: ذهب إلى ــــ .
3. كل كلمة تقع في هذه الخانة هي فعل مضارع: أراد أنْ ــــ .
4. كل كلمة تقع في هذه الخانة هي صفة (في المعنى): إنه ــــ جدّاًَ.
5. كل كلمة لا يمكن أن تقع بعد إنّ ليست اسماً.
6. كل كلمة لا يمكن أن تقع بعد أنْ ليست فعلاً مضارعاً.
7. كل كلمة لا يمكن أن تقع في خانة الاسم ولا في خانة الفعل فهي حرف.

يمكن أن تجد في كل لغة خانات مناسبة للتصنيف على أساس نحوي أو وظيفي. كما أن عدد الأصناف اتفاقي في بعض الجوانب، فالإنجليزية تقسم

الكلمات التي تصنفها العربية تحت (الاسم) إلى اسم وصفة وضمير وظرف. كان من الممكن أن تكون أقسام الإنجليزية ثلاثة مثل العربية أو أقل أو أكثر. أو أن تكون أقسام العربية ثمانية مثل الإنجليزية أو أقل أو أكثر.

قوانين بناء الكلمة:

كما توجد قوانين تحكم تتابع الفونيمات لبناء المقطع، كذلك توجد قوانين تحكم تتابع المورفيمات لبناء الكلمة. وبالطبع توجد قوانين تحكم تتابع الكلمات لبناء الجملة. هذه المجموعات الثلاث من القوانين تلخص النظام الفونيمي والنظام الصرفي والنظام النحوي على التوالي. لو نظرنا إلى قوانين بناء الكلمة في اللغة العربية لوجدنا ما يلي (إضافة إلى المعلومات الصرفية التقليدية التي تسردها كتب الصرف والنحو):

1. تختص كل زائدة بنوع من أنواع الكلام. مثلاً (ال) التعريف تختص بالاسم باستثناء العلم عامة (الولد، الرجل، الطالب، المدرسة). / تْ / تختص بالفعل الماضي مثل ذهبتْ، جلستْ، درستْ. / ات / تختص بالمؤنث لتحويله إلى جمع مؤنث سالم مثل معلمات، طالبات، دراسات، هناك زوائد تختص بالأسماء وأخرى تختص بالأفعال.

2. هناك زوائد لها الصدارة عادة، أي لا تقبل أن تسبقها زوائد أخرى، مثل (ال) التعريف فهي سابقة لا تسمح بوجود سابقة قبلها، ومثل / أ ، يَ ، نَ ، تَ / في (أكتبْ، يكتب، نكتب، تكتب)، وهي سوابق تلتصق بالفعل لتكوين الفعل المضارع.

3. لكل زائدة موقع تتخصص به. بعض الزوائد تسبق الجذر فهي سوابق. وبعضها تدخل فيه فهي دواخل. وبعضها تلحقه فهي لواحق. وبعضها تعلوه فهي عوالٍ. وكلها تسمى زوائد. مثلاً (ال) التعريف سابقة ولا تأتي داخلة ولا لاحقة. (و) الجماعة لاحقة بعد الفعل ولا تأتي سابقة ولا داخلة.

4. المورفيمات الاشتقاقية تسبق المورفيمات الصرفية. وعلى سبيل المثال، تشتق اسم الفاعل من الفعل ثم نثنيه أو نجمعه: درس ← دارس دارسون.

5.الزائدة لها دور معين: إما أداء معنى ما وإما أداء وظيفة ما. مثلاً (تكتبين): (الياء) معناها (أنتِ)، ولكن (ن) لا معنى لها، بل لها وظيفة وهي علامة رفع الفعل (أي إن الفعل غير مسبوق بناصب أو جازم). التنوين في (قلمٌ) مورفيم لا معنى له، ولكن له وظيفة هي القطع عن الإضافة، أي عدم وجود مضاف إليه بعد الكلمة. والدليل على "لا معنوية" التنوين أنه لا يوجد فرق في المعنى بين (قَلَمٌ) و (قَلَمْ).

6. معظم الدواخل مورفيمات اشتقاقية وليست صرفية. مثال ذلك مورفيم اسم الفاعل، مورفيم اسم المفعول، مورفيم صيغة المبالغة، مورفيم الصفة المشبهة، مورفيم اسم المكان. كلها مورفيمات داخلة: مثل جالس، مأكول، فَتّاك، جميل، ملعب (على التوالي).

7. معظم اللواحق مورفيمات صرفية وليست اشتقاقية، مثل مورفيم الجمع ومورفيم التثنية ومورفيم التأنيث في (معلمون، معلمات، معلمة) على التوالي.

8. مورفيم الرفع يسبق مورفيم النصب وكلاهما من اللواحق، مثل رأيتُهُ، شاهداهم. نلاحظ هنا أن (التاء) قبل (الهاء) في المثال الأول وأن (ا) قبل (هم) في المثال التالي.

9. 0كما توجد سوابق لها الصدارة، كذلك توجد لواحق ختامية، أي لا لواحق بعدها، مثلاً التنوين لاحقة ختامية لا يسمح بلاحقة بعده (كتابٌ)، وكذلك (ن) في جمع المذكر السالم (معلمون).
10. مورفيم النسبة يسبق مورفيم التأنيث ويسبق مورفيم التثنية أو مورفيم الجمع. مثال ذلك شاميّ، شامية، شاميّان، شاميّون.

توزيع المورفيم:

إن قوانين بناء الكلمة يرتبط ارتباطاً وثيقاً بتوزيع المورفيم. وتوزيع المورفيم يعني الخانات التي يجوز أن يقع فيها المورفيم والخانات التي يحظر أن يقع فيها. على سبيل المثال.

1. * الولد يمشي لا. هذه الجملة خطأ، لأن (لا) يجوز وقوعها قبل الفعل ولا يجوز أن تقع بعده.
2. * ولد أل لا يمشي. هذه جملة خطأ، لأن (أل) تقع قبل الاسم وليس بعده.
3. * أنَّ الكتاب مفيد. هذه خطأ، لأن (أنَّ) لا تأتي في أول الجملة.
4. * أراد أنْ كتبَ. هذه خطأ، لأن (أنْ) تسبق المضارع ولا يجوز أن تسبق الماضي.
5. * ذهب في يُسْرِع. هذه خطأ، لأن (في) تسبق الاسم ولا تسبق الفعل.
6. * ات المعلمة حضرْن. هذه خطأ، لأن مورفيم الجمع (ات) يتبع الجذر ولا يسبقه.

وهكذا، لكل مورفيم دور معين ومكان معين وبيئة معينة يقع فيها. وهذا هو المقصود بمصطلح توزيع المورفيم. وينطبق هذا المصطلح على جميـع

المورفيمات: الجذور والزوائد. وينطبق على جميع الزوائد: السوابق والدواخل واللواحق والعوالي والمحيطات. وينطبق على الزوائد الصرفية والاشتقاقية والقواعدية. لكل مورفيم دور محدد وموقع محدد.

القوانين الصرفية الفونيمية:

عندما تندمج المورفيمات معاً لتكوين كلمة واحدة، قد يطرأ على بعضها تغيرات صوتية لتتكيف مع البيئة الصوتية الجديدة. وعلى سبيل المثال:

1. ا ... ت + صَفَا ← اصطفى
2. ا ... ت + زَهَرَ ← ازدهر
3. رمى + تْ ← رمتْ
4. دعا + ت ← دعتا
5. ال + تفاح ← التفاح
6. اَل +اِستعمال ← اَلاسْتعمال
7. معلمة +ات ← معلمات

في المثال (1)، قلبت / ت / إلى / ط / بسبب مجاورتها للصوت المفخم / ص /. وهذا مثال على المماثلة الجزئية، إذ إن / ط / تتماثل مع / ص / جزئياً، أي في التفخيم. ومثلها اصطبر، اصطدم، اصطنع، اصطلح، اصطحب، اصطخب، اصطف. في جميع هذه الكلمات / ط / أصلها / ت / التي انقلبت إلى / ط / بتأثير / ص /.

في المثال (2)، / ت / المهموسة انقلبت إلى / د / المجهورة بتأثير / ز / المجهورة. وهدف هذا التغير المماثلة الجزئية، أي لتتماثل الجزئية، أي لتتماثل / ز / مع / د / في الجهر. ويشبه ذلك ما حدث في الكلمات الآتية: ازداد، ازدجر، ازدهى، ازدحم، ازدرى، ازدوج.

في المثال (3)، تم تحويل الفتحة الطويلة (في نهاية رمى) إلى فتحة قصيرة بسبب / ت / التأنيث الساكنة. طبعاً الألف (في نهاية رمى) قد حذفت كتابة. ولكن صوتياً ما حدث ليس حذفاً، بل تحولت الألف (الفتحة الطويلة) إلى فتحة قصيرة. ومثلها أيضاً مشتْ، دعتْ، دنتْ، سَعَتْ. وتقصير الصائت من باب التسهيل في النطق ومن باب التماثل مع الصائت القصير السابق.

في المثال (4)، تحولت الفتحة الطويلة (في نهاية دعا) إلى فتحة قصيرة بتأثير / ت / التأنيث، تسهيلاً للنطق وتماثلاً مع الصائت القصير السابق. ومثلها رَمَتَا، دَنَتَا، مشَتَا، سَعَتَا.

في المثال (5)، تحول الفونيم / ل / إلى الفونيم / ت / لإحداث مماثلة تامة تسهيلاً للنطق. وقد كان التحول هنا نطقياً (صوتياً) وليس كتابياً. كتابياً بقيت < ل > كما هي و < ت > كما هي في كلمة (التفاح). ولكن التحول كان في النطق فقط. ويحدث هذا مع جميع الحروف التي تدعى شمسية، إذ تتحول في / ل / نطقياً في (ال) التعريف إلى فونيم يطابق الفونيم التالي. مثال ذلك: التين / ل ← ت /، السيف / ل ← س /، الصوم / ل ← ص /، الثوم ل ← ث /، النــوم / ل ← ن /.

في المثال (6)، إذا قلنا (استعمال) في أول الكلام، تظهر الهمزة فونيماً واضحاً. ولكن هذه الهمزة (التي هي همزة وصل) تختفي تماماً إذا جاءت في وسط الكلام. فعندما نقول (الاستعمال)، تصبح همزة الوصل وسطية (في وسط الكلام وليس في أوله). هنا تختفي الهمزة اختفاء تماماً. ولو أردنا أن نكتبها فونيمياً في المرتين لجاءت هكذا ?isti9ma:l ← ?alisti9ma:l.

وينطبق هذا المثال على جميع حالات همزة الوصل. فهي تظهر واضحة إذا جاءت أولية (في أول الكلام)، وتختفي إذا جاءت وسطية (في وسط الكلام). وأقول هنا (الكلام)، ولا أقول (الكلمة). فقد تكون همزة الوصل في أول الكلمة ولكن ليست في أول الكلام. مثال ذلك: إنْ استعمال

الدواء مهم. رغم أن الهمزة هنا في أول كلمة (استعمال)، لكنها تحذف صوتياً لأنها في وسط الكلامن وليست في أوله.

في المثال (7)، حذفت تاء التأنيث المربوطة المتصلة بالمفردة المؤنثة عند إضافة مورفيم جمع المؤنث السالم.

وتمتد القوانين الصرفية الفونيمية إلى مجالات أخرى عديدة مثل:

8. نَصَرَ + مضارع ← يَنْصُرُ
9. كَتَبَ + أمر ← أُكْتُبْ
10. كتاب + جمع ← كُتُب
11. ولد + جمع ← أولاد
12. بَحْر + جمع ← بِحار
13. كَتَبَ + اسم مفعول ← كاتب
14. نَصَرَ + اسم مفعول ← منصور
15. لعب + اسم مكان ← مَلْعب
16. قاد + اسم آلة ← مِقْود
17. ضَرَب + اسم مرة ← ضَرْبة
18. جَلَسَ + اسم هيئة ← جِلْسة

هذه القوانين الصرفية الفونيمية موجودة في سائر اللغات. في الإنجليزية مثلاً توجد قوانين عديدة منها:

19. مورفيم الجمع بعد صوت مهموس هو / s /، مثل looks, bits, books.
20. مورفيم الجمع بعد صوت مجهور هو / z / صوتياً، مثل dogs, names, pens, doors.
21. مورفمي الجمع بعد صوت صفيري هو / iz / صوتياً، مثل boxes, buses, watches, churches.

22. مورفيم الماضي بعد صوت مهموس هو / t / صوتياً، مثل looked, pushed, kissed, washed.

23. مورفيم الماضي بعد صوت مجهور هو / d / صوتياً، مثل begged, listened, jugded.

24. مورفيم الماضي بعد / d / , / t / هو / id / صوتياً، مثل wanted, needed.

عمليات بناء الكلمات:

تظهر الكلمات في اللغة عن طريق واحدة من العمليات الآتية:

1- القياس. وهو عملية بناء كلمة مجهولة من كلمة معلومة وفقاً لموازين اللغة. وعلى سبيل المثال، رغم وجود الفعل (فَرِحَ) و (كَرُمَ) في اللغة العربية، لا يوجد لدينا في الاستعمال حالياً اسما فاعل من هذين الفعلين، إذ لا نستعمل (فارح) و (كارم)، ولا نستخدم صيغتي مبالغة منهما: (فرَاح) و (كرَام) أو (مفراح) و (مكرام). ولكن قد تظهر حاجة يوماً ما إلى استخدام هذه الصيغ المهجورة حالياً. فإذا استخدمنا في المستقبل فارح أو مفراح، نكون قد لجأنا إلى القياس من أجل بناء كلمات جديدة

2- الاشتقاق. وهو عملية بناء كلمة معلومة من أخرى معلومة وفقاً لموازين لغوية في بعض اللغات ودون موازين محددة في لغات أخرى. ففي العربية يسير الاشتقاق وفقاً لصيغ معينة ثابتة، ولكنه يحدث في الإنجليزية دون التقيد بصيغ مماثلة. ومن الاشتقاق في العربية أن نشتق من الفعل اسم الفاعل واسم المفعول والصفة المشبهة واسم الآلة وصيغة المبالغة وأفعل التفضيل واسم المكان واسم الزمان واسم المرة واسم النوع والمصدر مثل (شارب ومشروب وكريم ومطرقة وقتّال وأكبر ومَلْعب ومشرق وجَلْسة وجِلْسة وجلوس) على التوالي.

وفي الإنجليزية، يحدث الاشتقاق بطيقة مختلفة دون الخضوع لصيغ ثابتة تماماً. على سبيل المثال.

dictate ⟶ dictation , dictator , dictatorial , dictatorship , dictatorially.

ولا شك في أن الاشتقاق يشبه القياس إلى حد ما، ولكنه يختلف عنه من حيث الكلمة المشتقة. فالاشتقاق علمية قياسية والقياس عملية اشتقاقية، ولكن القياس يشتق كلمة قياسية غير مستعملة سابقاً لمعنى معنية، في حين أن الاشتقاق يشتق كلمة قياسية عادية مألوفة في معناها واستعمالها.

3- الاشتقاق العكسي. في العربية جرت العادة أن يكون الفعل مصدر الاشتقاق، أي نشتق الاسم من الفعل. ولكن قد يحدث العكس، أي نشتق الفعل من الاسم. مثلاً بَلْقَنَ من (البلقان) فنقول (بلقنوا المنطقة) أي أرادوا تقسيمها بعد إحداث حروب فيها. وقالوا (لَبْنَنَ) من (لبنان)، وقالوا (سَعْوَدَ) من (السعودية)، وقالوا (كَوَّتَ) من (الكويت).

4- التصريف. وهنا بناء نوع من الكلام من النوع ذاته، مثل بناء الفعل المضارع من الفعل الماضي، بناء فعل الأمر من الفعل الماضي، بناء الاسم المثنى من الاسم المفرد، بناء الجمع من المفرد، بناء الفعل المجهول من الفعل المعلوم. فنقول مثلاً جَلَسَ ⟵ يجلس، اجلس. كَتَبَ ⟵ كُتِبَ. ولد ⟵ ولدان. ولد ⟵ أولاد. ويختلف التصريف عن الاشتقاق في أن التصريف يبني الفعل من الفعل ويبني الاسم من الاسم ولكن الاشتقاق يبني الاسم من الفعل أو الفعل من الاسم. وبعبارة أخرى، التصريف يبقي على نوع الكلمة، في حين أن الاشتقاق قد يغير نوع الكلمة.

5- التحت. وهو عملية استخراج كلمة واحدة من كلمتين أو أكثر. مثال: بَسْمَلَ: قال بسم الله الرحمن الرحيم.

حَيْعَلَ: قال حي على الفلاح.

حَوْقَل: قال لا حول ولا قوة إلا بالله.

هَيْلَلَ: قال لا إله إلا الله.

حَسبْلَ: قال حسبي الله.

حَمْدَل: قال الحمد لله.

مَشْأل: قال ما شاء الله.

عَبْدَليّ: منسوب إلى عبد الله.

حَضْرَمي: منسوب إلى حضرموت.

6- البناء الأوائلي. وهو عملية بناء كلمة من الحروف الأولى لمدة كلمات. مثال ذلك USA (الولايات المتحدة الأمريكية)، EEC (السوق الأوروبية الاقتصادية)، وفا (وكالة فلسطين للأنباء)، فتح (حركة تحرير فلسطين). والفرق بين النحت والبناء الأوائلي أن النحت قد يأخذ حرفاً أو حرفين من بعض الكلمات وليس بالضرورة من كل كلمة، في حين أن البناء الأوائلي يأخذ حراً أولياً واحداً من كل كلمة.

7- الافتراض. وهو عملية تقترض بها لغة ما كلمة أو كلمات من لغة أخرى، ثم في الغالب تحدث بها تعديلات صوتية أو صرفية لجعلها متناسقة مع نظامها الصوتي أو نظامها الصرفي. مثال ذلك راديو، تلفزيون أو تلفاز، رادار، مغناطيس، برلمان. والاقتراض ينشأ عن حاجة، إذ يشبه في ذلك اقتراض المال. فالمقترض لا يقترض في العادة إلاّ عن حاجة، وكذلك اللغة فهي لا تقترض إلاّ عن حاجة في الغالب.

8- الاختصار. وهو حذف أجزاء من الكلمة وإبقاء أجزاء منها تسهيلاً وتيسيراً، مثل Dr من doctor , prof من professor ، flue من influenza . وهذه العملية شائعة في الإنجليزية ونادرة في العربية الفصيحة، ولكنها شائعة في بعض اللهجات العربية العامية، مثل (سيما) من (سينمـا)،

(مَدْري) من (ما أدري)، (مَفِيش) من (ما في شيء)، (مَكَتَبْش) من (ما كتب شيئاً).

9- التركيب. وهو عملية استخدام كلمتين أو أكثر للتعبير عن معنى ما. وتكون العلاقة بين الكلمتين عادة علاقة موصوف وصفة أو علاقة مضاف ومضاف إليه. مثال ذلك التمثيل الضوئي، التمييز العنصري، نزع السلاح، القنبلة الذرية، السلاح النووي. ولو دققنا في هذه الأمثلة لوجدنا أن كلمة واحدة لا تكفي لأداء المعنى، ولذا تتعاون الكلمتان معاً لأداء معنى ما. وفي الإنجليزية، تشيع عمليات التركيب، مثل football, blackmail, goldsmith.

أسئلة وتمارين

1- ما علاقة علم الصرف بكل من العلوم اللغوية الآتية: علم الأصوات، علم القواعد، علم النحو، علم اللغة النظري؟

2- ما هي ألومورفات مورفيم الجمع في العربية؟ في الإنجليزية؟ بين شروط توزيع كل ألومورف.

3- العلاقة بين المورفيم والألومورفات تشبه العلاقة بين الفونيم والألوفونات. اشرح هذه الجملة.

4- هل يمكن أن يكون المقطع الواحد مورفيماً واحداً؟ أعط أمثلة.

5- / ت / التأنيث الساكنة ليست مقطعاً، بل هي فونيم، ومع ذلك فهي مورفيم له معنى. أعط أمثلة أخرى لمورفيمات مشابهة.

6- (رجل) كلمة واحدة تتكون من مورفيم واحد. أعط أمثلة مشابهة لكلمة واحدة تتكون من مورفيم واحد.

7- حلل الكلمات الآتية إلى مورفيمات وأجب عن الأسئلة الآتية بعد التحليل:

أ) ما معنى كل مورفيم في هذه الكلمات؟

ب) هل هو مورفيم حر أم مورفيم مقيد؟

ج) هل هو مورفيم جذري أم مورفيم زائد؟

د) إذا كان مورفيماً زائداً، هل هو سابقة، لاحقة، داخلة، أم محيطة؟

هـ) إذا كان مورفيماً زائداً، هل هو اشتقاقي أم تصريفي أم قواعدي؟

الكلمات هي: راسَلُوهُ، رأيتُهمْ، إليكَ، استمعَ، أنصارٌ، امتحاناتٌ، مدربُّونَ، تدريباتٌ، الكلماتُ، أشكركمْ، تكتبينَ، مراسلاتٌ، كُتُبٌ، حَضَرَا، الولدانِ، مقابَلُونَ.

8- ما الفرق بين المورفيم الحر والمورفيم المقيد؟ أعط أمثلة.

9- ما الفرق بين الجذر والمورفيم الزائد؟ أعط أمثلة.

10- ما هي أنواع المورفيمات الزائدة؟ أعط أمثلة.

11- ما الفرق بين المورفيم الاشتقاقي والمورفيم التصريفي والمورفيم القوعدي؟ أعط أمثلة.

12- ما نوع كل من المورفيمات الآتية (اشتقاقي، تصريفي، قواعدي): مورفيم المضارع، مورفيم الأمر، مورفيم المبني للمجهول، مورفيم المثنى، مورفيم الجمع، مورفيم صيغة المبالغة، مورفيم اسم المفعول، نون الوقاية في (سألني)، / نَ / في (باحثِينَ)، التنوين؟

13- أعط أمثلة للمورفيم القواعدي لم تذكر في هذا الكتاب.

14- عُدْ إلى الكلمات المذكورة في التمرين السابع. بيّن نوع كل مورفيم: هل هو متصل أم متقطع؟

15- اشرح المقصود بظاهرة الهرم المقلوب المتعلقة بمستويات البناء اللغوية.

16- عُدْ إلى كلمات التمرين السابع. بين الجذر والساق أو السيقان في كل كلمة.

17- ما الفرق بين الجذر والساق؟

18- افتح كتاباً ما ولتكن الصفحة الأولى من هذا الفصل (الفصل الرابع من هذا الكتاب). وصنِّف الكلمات فيها إلى نوعين: كلمات المحتوى والكلمات الوظيفية.

19- أعط أمثلة لعشر كلمات عامة وعشر كلمات خاصة.

20- عُدْ إلى كلمات التمرين السابع. بَيِّن كيف تنطبق قوانين بناء الكلمة على تلك الكلمات.

21- ما هي التغيرات الصرفية الفونيمية التي حدثت عند اندماج المورفيمات في الكلمات الآتية: اصطلى، ازدان، دَنَتْ، التقاليد، الاستقدام، مدرِّسات؟

22- ما نوع عملية بناء كل من الكلمات الآتية: بصير، مِقْدَام، صبور، مطبخ، أشهر، مشهور، باصر، دَوَّل، أَمَمَّ، سَوْدَنَ، مَصَّرَ، حَمْدَلَ، عَبْقَسِيّ، يكتبُ، رجال، دُفَعَ، أَنِرْوَا، يونيسيف، ج م ع، ن ع ج (نظام عالمي جديد)، إمبريالية، سينما، TV، Mr، القنبلة العنقودية؟ (هل هي اشتقاق أم تصريف أم نحت أم اقتراض ... الخ؟).

الفصل الخامس

علم النحو

إن علم النحو يبحث في بناء الجملة، أي في نظم الكلمات داخل الجملة. ويشكل علم النحو مع علم الصرف علم القواعد، إذ إن القواعد صرف ونحو. ويدعى علم النحو أيضاً علم نَظْم الجملة أو علم النظم، لأنه يبحث في قوانين انتظام الكلمات في الجملة.

فروع علم النحو:

بعض علماء اللغة ينظرون إلى اللغة كسلوك بشري ينبغي وصفه كما هو. وهم يعتمدون ملاحظة السلوك اللغوي ووصفه وتحليله. وهم بذلك يشبهون عالم الفيزياء الذي تنحصر مهمته في مراقبة المادة ووصفها كما هي دون أن يتدخل في سلوكها أو صفاتها. ويدعى هذا النوع من النحو "النحو الوصفي".

وفي المقابل، هناك نحويون يرون أن مهمتهم ليست وصف اللغة كما هي، بل وصفها كما يجب أن تكون. ويعتبرون أنفسهم حُرَّاساً على اللغة، حماة لها، محافظين على لغة مثالية معيارية، لغة فصيحة ثابتة لا تتغير ولا تتبدل مع المكان والزمان. ويدعى هذا النوع من النحو "النحو الفَرْضي" أو "النحو المعياري".

ولقد ظهر في شتى اللغات نحاة وصفيون ونحاة فرضيون. الوصفيون يرحبون باللهجات على اختلافها ويصفون اللغة كما يسمعونها ويرحبون بالتعدد والتغير ولا يتدخلون من أجل التحكم في السلوك اللغوي. والفرضيون يعتبرون اللهجات انحرافاً عن الأصل المعياري ويصفون اللغة كما يريدونها (أي كما

يعتقدون أنها يجب أن (تكون) ولا يرحبون بالتعدد الصِّيغي ويرون أن وظيفتهم التحكم في معايير الصحة النحوية.

وعلم النحو، كسائر فروع علم اللغة، يمكن أني كون تاريخي النظرة، وذلك إذا تناول تطور نحو لغة ما عبر التاريخ. ويدعى حينئذ "علم النحو التاريخي". ويمكن أن يهتم عالم النحو بالمقارنة بين نحو لغة ونحو لغة أخرى، كأن يقارن بين نحو العربية ونحو الإنجليزية؛ وهذا هو "علم النحو المقارن". وهناك "علم النحو العام" الذي يعالج النحو فياللغات عموماً و "علم النحو الخاص" الذي يعالج نحو لغة محددة.

أنواع الجمل:

هناك عدة طرق لتصنيف الجمل:

1- التصنيف حسب هدف المتكلم: ماذا يقصد المتكلم؟ هل يريد أني عطي معلومات أم يستفسر عن معلومات؟ هل يعطي أوامر أم يتعجب؟ ويمكن أن ندعو هذا التصنيف "التصنيف النفسي".

2- التصنيف حسب تركيب الجملة. هل الجملة بسيطة أم غير بسيطة؟ هل فيها فعل واحد أم أكثر؟ هل تتكون الجملة من جُمَل داخلية؟ هل فيها عطف؟ ويمكن أن ندعو هذا التصنيف "التصنيف التركيبي".

3- التصنيف حسب بداية الجملة. ما نوع أول كلمة في الجملة؟ هل هي اسم أم فعل؟ ويمكن أن ندعو هذا التصنيف "التصنيف الأولي".

التصنيف النفسي للجمل:

إذا صنفنا الجمل حسب قصد المتكلم، يمكن أن تنقسم الجمل في أية لغة إلى الأصناف الآتية:

1- جملة إخبارية. وهي جملة يريد المتكلم بها أن يخبر شيئاً، يعطي معلومات يعبر عن مشاعره أو رأيه أو موقفه، مثلاً:

- سافر والدي أمس.   (إخبار)
- تتكون المادي من ذرات.   (معلومات)
- أقدرك وأحترمك.   (مشاعر)
- من الأفضل تأجيل السفر.   (رأي)
- لا بد من الوحدة العربية.   (موقف)

2- جملة استفهامية. وهي جملة يسأل بها المتكلم عن أمر ما، كأن يسأل عن شخص أو زمان أو مكان أو أداة أو سبب أو حال، مثلاً:

- من فعل هذا؟   (عن شخص)
- متى جاء؟   (عن زمان)
- أين وجدته؟   (عن مكان)
- بم قطعته؟   (عن أداة)
- لماذا تأخر؟   (عن سبب)
- كيف أجاب؟   (عن حال)

3- جملة تعجبية. وهي جملة يتعجب بها المتكلم، إذ يعبر عن دهشته أو إعجابه بأمر ما، مثلاً:

- ما أجمل هذه الشجرة!

4- جملة أمرية أو طلبية. وهي جملة يطلب بها المتكلم من المخاطب تنفيذ فعل ما، مثلاً:

- افتح الباب، من فضلك.
نَمْ مبكراً.

ولا تنقسم الجمل إلى هذه الأصناف انقساماً قاطعا. فقد تكون الجملة استفهامية ولكنها تتضمن إخباراً. وقد تكون استفهامية ولكنها أمرية أيضاً. وقد تكون تعجبية ولكنها إخبارية أيضاً. انظر إلى هذه الجمل:

1- لماذا تأخر الطبيب؟ هنا استفهام عن سبب التأخر، ولكن الجملة تتضمن إخباراً بأن الطبيب قد تأخر. (استفهام + إخبار).

2- ألا يمكن أن تفتح النافذة؟ هنا استفهام، ولكن المعنى الضمني هو طلب مؤدب بفتح النافذة. (استفهام + طلب).

3- ما أجل السيارة! هنا تعجب ولكنه يتضمن إخباراً بأن السيارة جميلة. (تعجب + إخبار).

لاحظ أن علامات الترقيم تتبع الشكل البنائي للجملة ولا تتبع معناها. في الجملة (1)، الشكل البنائي استفهامي ولذلك جاءت علامة الاستفهام في نهاية الجملة، رغم أن الجملة إخبارية أيضاً. وفي الجملة (2)، رغم أن الجملة طلبية في معناها، لكن مبناها استفهامي، ولذلك انتهت بعلامة استفهام. في الجملة (3)، المبنى تعجبي، لذلك جاءت علامة التعجب في نهاية الجملة، رغم أنها تتضمن إخباراً.

التصنيف التركيبي للجمل:

إذا أردنا تصنيف الجمل حسب تركيبها من حيث درجة البساطة، يمكن أن يكون التصنيف على النحو التالي:

1- جملة بسيطة. وهي جملة تحتوي على فعل واحد وفاعل واحد أو جملة تتكون من مبتدأ واحد وخبر واحد، مثلاً:

–	الولد ذكي.	(مبتدأ وخبر)
–	نام الطفل.	(فعل وفاعل)
–	حضر الإمام إلى المسجد.	(فعل وفاعل)

- كتب الطالب درسه. (فعل وفاعل)

2- جملة عطفية. وهي جملة تتكون من جملتين بسيطتين أو أكثر يتم ربطها معاً بوساطة أدوات عطف، مثلاً:

- سافر أخوه وعاد هو إلى البيت. (و)
- وصل فطرقَ الباب ففتحوا له فدخل. (ف)
- جلسَ ثم أكل ثم نام. (ثم)

3- جملة مركبة. وهي جملة تتكون من جُمَيْلَة رئيسية وجُمَيّلَة تابعة تقوم بدور ظرف الزمان أو ظرف المكان أو الفاعل أو المجرور ... الخ، مثلاً:

- قال إنه سيأتي غداً. (جميلة تابعة / مفعول به)
- أنا متأكد من أنه سيحضر. (جميلة تابعة / مجرور)
- يبدو أنه سيتأخر. (جميلة تابعة/ فاعل)

التصنيف الأولي للجمل:

يمكن أن تصنف جمل اللغة أو جمل اللغات عموماً على أساس نوع الكلمة الأولى في الجملة:

1- جملة اسمية. وهي جملة تبدأ باسم. مثلاً:

- البيت بعيد.
- الجبل عالٍ.
- الأستاذ لم يحضر.

2- جملة فعلية. وهي جملة تبدأ بفعل، مثلاً:

- شرب الطفل الحليب.
- حفظ الولد الدرس.

ويلاحظ أن اللغات عموماً تحتوي على جميع الأصناف النفسية للجملة (إخبار واستفهام وأمر وتعجب). كما تحتوي على جميع الأصناف التركيبيــة

للجملة (بسيطة وعطفية ومركبة). ولكن اللغات تتباين بشأن الأصناف الأولية. بعض اللغات تخلو من الجمل الفعلية، مثل الإنجليزية، إذ إن جميع جملها اسمية، وبعضها تخلو من الجمل الاسمية، إذ إن جميع جملها فعلية. وبعضها تحتوي على النوعين، مثل اللغة العربية.

لا نهائية اللغة:

كم صوتاً في لغة ما؟ كم فونيماً؟ كم مقطعاً؟ كم مورفيماً؟ كم كلمة؟ كل هذه الأسئلة قابلة للجواب، أي يمكن أن نعطي رقماً محدداً أو رقماً تقريبياً جواباً لكل سؤال من هذه الأسئلة. بالطبع، الرقم يتصاعد كلما علت رتبة الوحدة اللغوية. مثلاً (40) فونيماً، (3000) مقطع، مئة ألف مورفيم، مليون كلمة.

كم جملة في اللغة العربية؟ أو في أية لغة؟ لا يمكن إعطاء جواب محدد هنا. كما أنه لا يمكن إعطاء رقم تقريبي مهما بلغ حجمه. كما أنه ليس من المقبول أن نقول هناك بليون جملة، أو مئة بليون. والسبب هو أن عدد الجمل في لغة ما هو عدد لا نهائي، لأن كل إنسان من مئات الملايين من الناس المتكلمين بلغة ما يتكلم ملايين الجمل المختلفة عبر حياته. وعلينا أن نتذكر أن مئات الملايين من الناس الذين يعيشون اليوم يختلفون عن مئات الملايين من الناس الذين كانوا على ظهر الأرض قبل قرابة ثمانين سنة. إن سكان الأرض يتجددون كل ثمانين سنة في المتوسط. وبعد مئة سنة على الأكثر لن تجد على الأرض أحداً ممن هم على ظهر الأرض الآن.

إذاً، اللغة، أي لغة، محدودة في وحداتها الفونيمية، محدودة في وحداتها المقطعية، محدودة في وحداتها الصرفية، محدودة في وحداتها

المفرداتية (أي كلماتها). ولكن اللغة لا نهائية في وحداتها النحوية (أي جملها). إن الجمل هي اللغة تحت الاستعمال. عندما نتكلم نستخدم جملاً في العادة. وبما أن الكلام مظهر من مظاهر الحياة، وبما أن الحياة مستمرة، فالكلام سيل لا ينقطع. وهذا يعني أن الجمل الجديدة لا تنقطع ولا تتوقف. ولا نقصد بالجمل الجديدة جملاً جديدة في بعدها الزمني، ولكنها جديدة في مبناها أو معناها أو مفرداتها.

الصحة النحوية والصدق المعلوماتي:

انظر إلى هذه الجمل:

1. جاء الولد البيت إلى.
2. جاء البيت إلى الولد.
3. البيت جاء الولد إلى.
4. الولد إلى جاء البيت.
5. إلى جاء الولد البيت.
6. البيت الولد جاء إلى.
7. البيت إلى جاء الولد.
8. الولد البيت جاء إلى.
9. جاء الولد إلى البيت.

جميع الجمل من 1 – 8 غير صحيحة نحويا، وبذلك فهي ليست مقبولة لغوياً ولا مقبولة اجتماعياً. الجملة الصحيحة نحوياً هنا هي جملة (9) فقط. وسبب عدم صحة الجمل من (1 – 8) هو عدم خضوعها لقوانين انتظام الكلمات. فحرف الجر (إلى) يسبق الاسم المقصود التحرك إليه، ولا يسبق الاسم المتحرّك. كما أن (إلى) تسبق الاسم ولا تسبق الفعل. كما أن (إلى) لا بد أن يتبعها اسم. ويمكن أن نضع هنا قوانين النظم الآتية:

(إلى) يتبعها اسم هو هدف التحرك.

أ- (إلى) لا يتبعها الاسم الذي قام بالتحرك.

ج- (إلى) لا يتبعها فراغ.

د- (إلى) لا يتبعها فعل.

بموجب القانون (ج)، تكون الجمل الآتية غير صحيحة نحوياً: الجمل 1 ، 3، 6 ، 8. بموجب القانون (ب)، تكون الجملة (2) غير صحيحة نحوياً. بموجب القانون (د)، تكون الجملة الآتية غير صحيحة نحوياً: الجمل 4 ، 5 ، 7. بموجب القوانين الأربعة، تكون الجملة (9) صحيحة نحوياً.

والآن انظر إلى هذه الجمل:

10. وقعت معركة اليرموك بعد معركة حطين.

هذه الجملة صحيحة نحوياً ولكنها غير صادقة معلوماتياً، إذ من المعروف أن معركة اليرموك وقعت قبل معركة حطين بمئات السنين.

11. عاصمة فرنسا هي ليون.

هذه الجملة صحيحة نحوياً ولكنها غير صادقة معلوماتياً، إذ من المعروف أن عاصمة فرنسا هي باريس.

12. عصام أكبر سناً من أبوه.

هذه الجملة غير صادقة معلوماتياً وغير صحيحة نحوياً، إذ إن الصواب هو (أبيه) ولأن الابن لا يمكن أن يكون أكبر من أبيه.

وهكذا يتضح أن الصحة النحوية للجملة تختلف عن الصدق المعلوماتي. فقد تكون الجملة صحيحة ولكنها غير صادقة. وقد تكون صادقة ولكنها غير صحيحة. وقد تكون صادقة وصحيحة. وقد تكون غير صادقة وغير صحيحة.

المرونة النحوية: لا تشترط قوانين الصحة النحوية وجوداً جامداً للكلمات فمعظم اللغات تسمح بقدر ما من المرونة النحوية في جملها. انظر إلى هذه الجمل.

كتب منير رسالة إلى والده.

1. منير كتب رسالة إلى والده.
2. منير كتب إلى والده رسالة.
3. كتب منير إلى والده رسالة.
4. رسالةٌ كتب منير إلى والده.
5. رسالةٌ كتب إلى والده منير.
6. إلى والده كتب مني رسالة.

وهكذا نرى أن الجملة بدأت بالفعل (كتب)، أو بالاسم (منير)، أو بـالمفعول بـه، أو بالجار والمجرور. يمكن أن ندعو هـذه الظـاهرة "المرونـة النحويـة". ولكـن هـذه المـروة ليست مطلقة، فهناك حدود- لا يمكن تجاوزها:

7. * رسالة إلى كتب منير والده. (غير صحيحة).
8. كتب منير والده إلى رسالة. (غير صحيحة).

العلاقة بين الصرف والنحو:

كل مستوى لغوي يتصل بالمستوى اللغوي الذي هـو أدنى منـه وبالمسـتوى اللغـوي الذي هو أعلى منه. المقطع حلقة وسطى بين الفـونيمات والمـورفيمات. المـورفيم حلقـة وسطى بين المقاطع والكلمات. الكلمة حلقة وسطى بين المـورفيمات والجمـل. انظـر إلى هذه الجمل:

1. حضر الولد.
2. حضرت البنت.

حيث إن (البنت) صرفياً مؤنث، فهذا يحتم تأنيث الفعل في الجملة (2). هذا مثال على تأثير البناء الصرفي في البناء النحوي.

3. الولد حضر.
4. الأولاد حضروا.

حيث إن (الأولاد) صرفياً هي جمع، فهذا يحتم أن نقول (حضروا). ولا يصح أن نقول (الأولاد حضر). هذا مثال آخر على تأثير المبنى الصرفي في المبنى النحوي. وهذه أمثلة أخلى على الترابط الصرفي النحوي:

5. * الأولاد حضر. (غير صحيحة).
6. * الولدان حضر. (غير صحيحة).
7. الولدان حضرا. (صحيحة).
8. * البنت حضر. (غير صحيحة).

وبذلك نستطيع أن نقول إن قوانين الصحة النحوية تشترط الاستجابة للخصائص الصرفية للكلمات. وكل جملة لا يتماشى نحوها مع صرفها تصبح غير صحيحة نحوياً.

**البناء الأفقي للجملة: **

عندما نكتب جملة ما كتابة، فإننا نوجدها على الورقة أفقياً، كلمة بعد كلمة. وعندما نسمع جملة سماعاً، فإننا نستقبل كلماتها استقبالاً تتابعياً، إذ تتوالى كلماتها كلمة وراء كلمة مع تتابع ثواني الزمان. وعندما نقول جملة في أثناء كلامنا، فإننا نقولها كلمة بعد كلمة في تتابع أفقي. وعندما نقرأ جملة، فإننا ندرك كلماتها أو أجزاءها أفقياً جزءاً بعد جزء في تتابع مكاني زماني.

وهكذا من الممكن أن نلاحظ ما يلي:

1. نقول الجملة في تتابع أفقي مع تتابع زماني.
2. نسمع الجملة في تتابع أفقي مع تتابع زماني.
3. نكتب الجملة في تتابع أفقي مع تتابع زماني مكاني.
4. نقرأ الجملة في تتابع أفقي مع تتابع زماني مكاني.
5. نقول ونسمع الجملة في تتابع زماني.

6. نكتب ونقرأ في تتابع زماني مكاني، لأن الكلمات أخذت حيزاً مكانياً في سطور على الورق.

هذا التتابع الأفقي يوجد علاقات أفقية بين الكلمات في الجملة الواحدة. على سبيل المثال (في العربية):

1. يأتي الفاعل بعد فعل عادة.
2. يأتي المفعول به بعد الفعل والفاعل عادة.
3. يأتي حرف الجر قبل الاسم المجرور.
4. تأتي (قد) قبل الفعل الماضي أو المضارع.
5. تأتي الصفة بعد الموصوف.
6. يأتي المفعول المطلق بعد الفعل عادة.
7. يأتي حرف الجزم قبل الفعل المضارع.
8. يأتي حرف النصب قبل الفعل المضارع.
9. لام التعليل تأتي قبل الفعل المضارع.
10. حرف الجر يجر الاسم بعده.
11. الفاعل يرفع الفاعل بعده.
12. الفعل ينصب المفعول به الذي بعده.

العلاقات الأفقية والتوقع:

إن العلاقات بين الكلمات في الجملة تجعل التوقع ممكناً وتساعد في الإسراع في عملية الاتصال والتفاهم. انظر إلى هذه الجمل:

ذهب الولد إلى المدرسة كي ـــــــ . هنا يتوقع السامع بعد أن يسمع (كي) فعلاً، وفعلاً مضارعاً له علاقة بالولد والمدرسة. والأغلب أن السامع يتوقع كلمة (يتعلم). والأغلب أن توقعه صحيح، إذ سرعان ما يسمع الكلمة التي توقعها. لولا قوانين العلاقات الأفقية لما أمكن التوقع.

2.خرج الرجل من منزله ليشتري بعض الحاجيات، فتوجه إلى ـــــ .

هنا يتوقع السامع بعد (إلى) اسماً، بل اسماً مجروراً، بل اسم مكان يتم فيه الشراء. على الأغلب يتوقع كلمة (السوق).

1. صحا ـــــ من ـــــ . ماذا يتوقع السامع بعد (صحا)؟ شخصاً يصحو، مثلاً (الولد، الرجل). ماذا بعد (صحا الولد من)؟ كلمة مثل (نومه).

وهكذا نرى أن العلاقات الأفقية بين الكلمات تجعل توقع الكلمة التالية ممكناً مما يسهل عملية الفهم في أثناء الاستماع والقراءة.

البناء الرأسي للجملة:

انظر إلى هذه الجملة:

شرب الولد الحليب.

هذه الجملة تتكون من خانات ثلاث. كم كلمة من الممكن أن نضع في خانة (شرب)؟ يمكن أن نضع كلمات كثيرة مثل: اشترى، باع، صبّ، سكب، سخَّن، برَّد، كم كلمة يمكن أن نضع في خانة (الولد)؟ آلاف الكلمات مثل الرجل، الطالب، التلميذ، إبراهيم، عليّ، حسن، محمود، وآلاف أسماء الأشخاص. كم كلمة يمكن أن نضع في خانة (الحليب)؟ كلمات عديدة مثل الماء، الشراب، العصير، وأي سائل قابل للشرب الآدمي.

من ناحية آلية، يمكن أن نضع بضع كلمات أو عشرات أو مئات أو آلاف الكلمات في خانة كلمة ما في جملة ما. ومن ناحية عقلية، عندما نبدأ بإنشاء الجملة نقوم بعملية اختيار رأسي، حيث نختار كلمة ما من بين عدة كلمات في قائمة رأسية.

إذا بدأنا جملة بكلمة (شرب)، فإن قائمة المسموحات بعدها تنحصر في الاسم الفاعل القادر على الشرب. وبذلك تنحصر القائمة في أسماء البشر

والحيوانات القادرة على الشرب. وهكذا نستثني من هذه القائمة أسماء الجمادات والنباتات والحيوانات الدنيا التي لا تشرب. وبعد أن نختار اسماً ما من القائمة، ونقول (شرب الولد)، تبدأ عملية اختيار ثانية، إذ نختار اسماً من قائمة أسماء يشترط فيها أن تكون سوائل صالحة لشرب البشر. قد تكون القائمة هنا أقل عدداً من قائمة خانة (الولد) لأنها أكثر قيوداً.

جميع الكلمات التي تنتمي إلى قائمة رأسية واحدة تكون في علاقة رأسية أو علاقة تبادلية (لأنها تتبادل الوقوع في الخانة ذاتها) أو علاقة تقابلية، على سبيل الترادف. الكلمات (شرب، اشترى، باع، صبّ) في علاقة رأسية. الكلمات (الولد، البنت، الطفل) في علاقة رأسية. الكلمات (الحليب، الشراب، العصير) في علاقة رأسية أي تبادلية أو تقابلية. ولكن الكلمات (شرب، الولد، الحليب) في علاقة أفقية لأنها تصلح للتابع ولا تصلح للتبادل في جملة واحدة.

لا نهائية الجملة:

من طبيعة الجملة أن تكون تكرارية البناء. هذه التكرارية تردي إلى لا نهائية الجملة. انظر إلى الجمل التالية:

1. زرع الرجل الشعير / الذي تأكله الحيوانات / التي تعطينا فيما بعد اللحم / الذي يأكله الإنسان / الذي يتغذى على اللحوم والنباتات / التي تنمو في التربة الصالحة / التي أنعم بها علينا الله / الذي خلق الأحياء والجمادات / التي سخرها لبني البشر / الذين .... الخ.

نستطيع إذا شئنا أن نستمر في هذه الجملة إلى ما لا نهاية. والسبب في هذه اللانهائية هو جواز أن تحتوي الجملة على جملة. وهو جواز تسمح به جميع اللغات. وبالرغم من أن هذه الجملة غير عادية ولا تجد الترحيب لدى القارئ أو السامع نظراً لطولها غير العادي وتعب السامع والقارئ في متابعتها، إلاّ أنها جملة صحيحة نحوياً. إنها ركيكة أسلوبياً ولكنها صحيحة نحوياً.

2. أعتقد / أنه يظن / أنها تعتقد / أنهم يقولون / إننا نؤيد / أنه يعلن / أننا نعتقد / أنه ... الخ. يمكن أن يكون المفعلو به جملة. فإذا بدأنا بفعل مفعول جملة، يصح أن تحتوي الجملة الثانية على مفعول به هو جملة ثالثة، فيها فعل مفعوله جملة رابعة، فيها فعل مفعوله جملة خامسة. وهكذا قد تمتد الجملة إلى ما لا نهاية.

3. بنى بيتاً / له حديقة / فيها شجرة / لها أغصان / عليها أزهار / عليها حشرات / لها أرجل / تنقل أمراضاً / لها عواقب وخيمة / تؤدي إلى ... الخ. كل جملة هنا، ما عدا الأولى، تصف الاسم الذي قبلها. وكل جملة تحتوي على اسم موصوف بجملة بعده. هذه التكرارية تؤدي إلى اللانهائية الجملية.

وهذه التكرارية تؤدي إلى "الجدة اللغوية" التي من مظاهرها طوال الجملة غير المحدود. إذ يمكن أن تتراوح الجملة بين كلمة واحدة ومئات الكلمات، بل آلاف الكلمات من ناحية نظرية. "الجدة اللغوية" تتضمن إبداعية إنشاء الجملة. هناك خيارات واسعة لبداية الجملة أساساً ثم خيارات واسعة للتابع الأفقي وخيارات واسعة من القوائم الرأسية وخيارات واسعة لطول الجملة. بهذه الخيارات الواسعة تتحقق لا نهائية الجملة والجدة اللغوية ولا نهائية اللغة.

القوالب النحوية:

القالب هو الصيغة الكامنة خلف الجملة. وعدد القوالب في لغة ما محدود يتراوح بين ستة قوالب وبضع عشرات من القوالب وفقاً للتحليل النحوي. ومن أبرز قوالب اللغة العربية ما يلي:

1. فعل + فاعل + مفعول به

   كتب + الولد + الدرس

2. فعل + فاعل

وصل + الطبيب

3. فعل + فاعل + جار + مجرور

جلس + الرجل + على + الكرسي

4. مبتدأ + خبر

التفاحة + حلوة

5. فعل + فاعل + مفعول به + مفعول به

أخبر + الرجل + صديقه + الخبر

6. فعل + فاعل + مفعول مطلق

نام + الولد + نوماً

يمكن أن ندعو هذه القوالب "القوالب الأساسية" ومنها يمكن أن نشـتق "قوالب

ثانوية" مثل:

1. مبتدأ + جملة اسمية

الحديقة + سورها عال

2. مبتدأ + جملة فعلية

الولد + جاء أبوه

3. إن + اسمها + خبرها

إن + الرجل + مريض

4. فعل + فاعل + ظرف زمان

وصل + الطبيب + أمس

5. فعل + فاعل + حال

جاء + أخوه + مسرعاً

ويختلف القالب عن الجملة من عدة وجوه:

1- القول الحقيقي هو الجملة وليس القالب. القالب هـو الإطـار اللغـوي الكـامن

خلف الجملة.

2.من حيث العدد، الجمل لا نهائية. ولكن القوالب في أية لغة محدودة العدد.

3.لكل جملة قالب واحد يحكمها. ولكن لكل قالب ملايين من الجمل تمثله.

والقوالب تختلف بالطبع من لغة إلى أخرى. فالقوالب المسـموحة في لغة مـا قد تكون غير مسموحة في لغة أخرى. وأبرز احتمالات القوالب في اللغات عمومـاً هي:

1.   فعل + فاعل + مفعول

2.   فعل + مفعول + فاعل

3.   فاعل + فعل + مفعول

4.   فاعل + مفعول + فعل

5.   مفعول + فعل + فاعل

6.   مفعول + فاعل + فعل

ويختلف عدد القوالب في لغة مـا مـن عـالم لآخـر حسـب النظريـة النحويـة التـي يتبناها. فقد يزيد العالم القوالب الأساسية وينقص من عدد القوالب الثانوية، أو يـنقص من عدد القوالب الأساسية ويزيد في عدد القوالب الثانوية. وهذا يؤثر بالطبع في عـدد القوالب ويحدث الاختلافات في الوصف النحوي.

الجملة والقول:

الجملة هي تنفيـذ لغـوي لقالـب نحـوي مـا. وبـذلك فإن مصـطلح الجملـة مصطلح يقاس ويحدد بالمعايير النحوية. أما القول فهو كلام مسبوق بصمت

ومتبوع بصمت يمكن أن نرمز بالإشارة *. وهكذا يكون "القول" مصطلحاً صوتياً يحدد بالمعايير الصوتية.

انظر إلى الوحدات الآتية:

1. * ذهب الولد إلى المدرسة *

2. * الولد * ذهب إلى المدرسة *

3. * ذهب * الولد * إلى * المدرسة *

في الجملة (1)، يوجد صمت قبل الجملة وصمت بعدها. إذاً هي جملة واحدة وقول واحد. ولكن في الجملة (2)، يوجد صمت قبل (الولد) وصمت بعدها. إذاً (الولد) قول ولكنها ليست جملة. وفي الجملة (2)، يوجد صمت قبل وبعد (ذهب إلى المدرسة)، إذاً هي قول. وهكذا فالجملة (2) جملة واحدة ولكنها قولان. وإذا نطقنا جملة (3) ببطء شديد محدثين صمتاً بعد كل كلمة، فإن جملة (3) تتكون من أربعة أقوال.

هرمية الجملة:

تتكون الجملة من الأجزاء الآتية مرتبة تنازلياً:

1- الجملة. أكبر وحدة نحوية هي الجملة.

2- الجُمَيْلة. وهي تصغير جملة. وأقصد بها وحدة تشبه الجملة في بنائها النحوي ولكنها تختلف عنها في أنها ليست قائمة بذاتها. وقد تكون جميلة رئيسية أو جميلة تابعة.

3- شِبْه الجملة. وهي أدنى مستوى من الجميلة. وهي في العربية جار ومجرور أو ظرف ومضاف إليه أو أنْ وما بعدها.

4- الكلمة. وهي أدنى مستوى من شبه الجملة.

5- المورفيم. وهو كلمة أو جزء من كلمة.

6- المقطع. وهو مورفيم أو جزء منه.

7- فونيم. وهو أدنى مستوى من المقطع، بل هو الأدنى على الإطلاق.

وفي المستوى النحوي، يتم الالتفات إلى المستويات الأربعة العليا عادة وهـي: الجملة، الجميلة، شبه الجملة، والكلمة. ويتم في المستوى النحوي إهمال المستويات الثلاثة الدنيا عادة وهي: المورفيم والمقطع والفونيم.

انظر إلى هذه الجمل:

1- جلس الولد على الكرسي. هذه الوحدة كلها جملـة مكونـة مـن أربـع كلـمات. (على الكرسي) شبه جملة يمكن تعويضها بكلمة (هنا). ويمكن اعتبارهـا ظرف مكان، رغم أن النحو التقليدي لا يعتبرها كذلك.

2- إن تدرسْ تنجح. هذه الوحدة كلها جملة مكونة مـن جميلـة الشرط (جميلـة تابعة) وجميلة الجواب (جميلة رئيسية). هي جملة واحدة مكونة مـن ثـلاث كلـمات ومكونة من جُمَيْلتين.

معنى الجملة:

معنى الجملة يتكون من المكونات الآتية:

1- المعنى المفرداتي. وهو المعنى الذي تتحكم فيه كلمات الجملة. انظر إلى هـاتين الجملتين:

أ) اشترى الرجل سيارة.

ب) باع المزارع الخضار.

ما الذي يجعل جملة (أ) تختلف في المعنى عن الجملـة (ب)؟ العامـل الحاسـم هنا هو اختلاف المفردات.

2- المعنى القواعدي. ويتكون من خمسة عناصر هي:

1. نظم الكلمات. انظر إلى هاتين الجملتين:

ج) سأل عيسى موسى.

د) سأل موسى عيسى.

ما الذي يجعل (ج) تختلف في المعنى عن (د)؟ المفردات واحدة. العامل الحاسم هنا هو اختلاف ترتيب الكلمات أو النظم. وهذا يثبت أن النظم عامل من عوامل المعنى.

2. الكلمات الوظيفية. الكلمات الوظيفية لها دور في معنى الجملة. فهي تربط كلمات الجملة بعضها ببعض وتساهم في تحديد العلاقات الداخلية في الجملة، كما أنها تقدم بعض المعنى. (إنّ) مثلاً تفيد التوكيد. (لم) تفيد النفي. (سوف) تفيد الاستقبال، إلى غير ذلك.

3. التنغيم. بعض اللغويين ينسبون التنغيم إلى قواعد الجملة، وبعضهم ينسبونه إلى المستوى الصوتي. على كل حال، التنغيم عامل حاسم في تحديد المعنى. انظر هنا:

هـ) سألك سؤالاً صعباً.

و) سألك سؤالاً صعباً؟

الجملتان (هـ ، و) متطابقتان في المفردات والنظم، ولكن الاختلاف بينهما في التنغيم. نقول الجملة (هـ) بتنغيم جملة إخبارية ونقول الجملة (و) بتنغيم جملة استفهامية.

4. الموازين الصرفية. الموازين الصرفية لبعض الكلمات تساعد في فهم المعنى أو الاقتراب منه. فميزان (فاعل) يدل على اسم الفاعل، وميزان (مفعول) يدل على اسم المفعول، على سبيل المثال.

5. المورفيمات الزائدة. المورفيمات الزائدة (التصريفية والاشتقاقية) تساعد في إيصال المعنى. (ات) تدل على الجمع. وكذلك (ون). (ان) تدل على المثنى و (ال) تدل على التعريف.

وهكذا فإن معنى الجملة يتحدد بمفرداتها من جانب وبعناصر قواعدية من جانب آخر. وعلى سبيل المثال، انظر إلى هذه الجملة الافتراضية المكونة من مفردات افتراضية:

إن العتاريس الطالشة قد رَهْمَشَتْ الفاطوق رهمشة صالقة.

رغم أن هذه الجملة تتكون من مفردات لا وجود لها في معجم اللغة، فإن المرء يحس بنوع من المعنى فيها. والدليل على ذلك الأسئلة الآتية وإجاباتها.

1- ماذا فعلت العتاريس؟ رهمشت الفاطوق.

2- ما نوع العتاريس؟ طالشة.

3- ما نوع الرهمشة؟ صالقة.

4- ماذا حدث للفاطوق؟ رُهْمِشَ.

مثل هذه الجملة الافتراضية تثبت وجود عناصر تؤثر في المعنى غير المفردات. هذه العناصر هي العناصر القواعدية التي ذكرناها.

غموض المعنى:

في كثير من الأحيان يتسبب التركيب النحوي ذاته في إحداث غموض في المعنى قد يزيله السياق اللغوي العام وقد لا يزيله. ومن حالات الغموض الناجم من التركيب النحوي ما يلي:

1- مصدر + مضاف إليه.

مثال: مساعدة الوالدين. تعني أن نساعد الوالدين أو أن يقدموا هم المساعدة.

2- نفي + تشبيه.

مثال: لا يقرأ زيد مثل أحمد. كلاهما لا يقرأ، أو أحمد يقرأ أفضل من زيد.

3- متعلَّق + متعلِّق + جار ومجرور.

مثال: وجدت الرابطة لحماية الأطفال من جميع المذاهب. هل الحماية من جميع المذاهب، أم إن الأطفال من جميع المذاهب؟

4- موصوف + صفة منسوبة.

مثال: مدرس جامعي. يحمل شهادة جامعية، أو يدرِّس في الجامعة.

5- اسم .... + اسم + و + اسم.

مثال: الصواريخ المضادة للطائرات والمصفحات. المصفحات معطوفة على الصواريخ، أو معطوفة على الطائرات.

6- اسم + أو + اسم + صفة.

مثال: الموجـودات أو الأصول الحقيقيـة. الموجـودات هـي الأصول الحقيقيـة، الموجودات هي الأصول وكلتاهما حقيقية، الموجودات تختلف عن الأصول الحقيقية.

7- مضاف + مضاف إليه + صفة.

مثال: اختبار الذكاء اللغوي: قد تعني الاختبار اللغوي، أو الذكاء اللغوي.

ونلاحظ في الحالة (1) أن منشأ الغموض هو أن المصدر لفعل متعد. فحدث التباس سببه هو: هل المضاف إليه هو الفاعل (في المعنى) أم هو المفعول به (في المعنى)؟ ولو كان المصدر لفعل لازم لما حـدث التبـاس. وفي الحالة (2)، سبب الغموض هو: هل التشبيه لحالة الإثبات أم لحالة النفي؟ وفي الحالة (3)، سبب الغموض هو: هـل يتعلـق الجار والمجرور بالاسم الأول أم بالاسم الثاني؟ وفي الحالة (4)، سبب الغمـوض هـو: هل النسبة إلى شهادة جامعية أم إلى مكان العمل؟ وفي الحالة (5)، تسبب الغموض مـن وظيفة (أو): هل هي للترادف أم للاختبار؟ وفي الحالة (7)، تسبب الغموض مـن الحيرة في تحديد الموصوف.

النظريات النحوية:

مع مرور القرون اهتم اللغويـون بصـفة عامـة والنحـاة بصـفة خاصـة باسـتحداث نظريات نحوية يصفون بها اللغة. ومن أقدم هـذه النظريـات النظريـة التقليديـة، ثم تبعتها نظرية المكونات المباشرة ونظرية القوالب والنظرية التحويليـة ونظريـات أخـرى عديدة. وسنحاول هنا عرض كل من هذه النظريات الأربع بإيجاز.

النظرية التقليدية:

تهتم هذه النظرية بأنواع الكلمة. وتختلف اللغات في عدد هذه الأنواع. فالعربيـة تقسم الكلمة إلى ثلاثة أقسام: اسم وفعل وحرف. ولكن الإنجليزيـة تقسـمها إلى ثمانيـة أقسام: اسم وفعل وضمير وصفة وظرف وأداة عطف وأداة جر وأداة تعجب. كما تهتم هذه النظرية بما يسـمى الإعراب الـذي هـو تحديـد الوظيفـة النحويـة لكـل كلمـة في الجملة: فاعل ومفعول ومبتدأ وخبر وحال وتمييز ... إلى غير ذلك.

نظرية المكونات المباشرة:

ترى هذه النظرية أن الجملة تنقسم إلى قسمين، كل منهما ينقسم إلى قسمين، كل منهما بدوره ينقسم إلى قسمين، وهكذا حتـى نصـل إلى مسـتوى الكلمـة. ولبيـان ذلك نعطي الأمثلة الآتية من شجرة الجملة.

(1) هذه التفاحة حلو طعمها

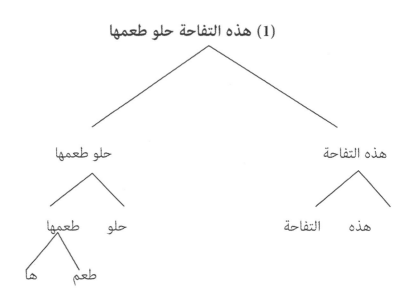

(2) هناك أسباب عديدة لجرائم

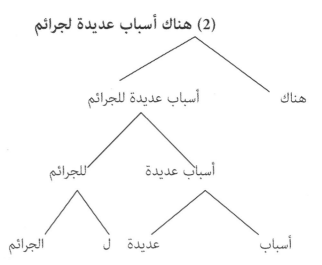

(3) هذه نظرية لغوية حديثة ظهرت في الخمسينيات

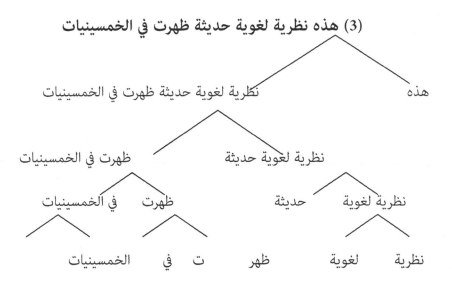

نظرية القوالب:

ترى هذه النظرية أن الجملة تحقيق لقالب يتكون من خانات. كما ترى أنه يمكن تصنيف الكلمات تصنيفاً صرفياً يختلف عن تصنيفها النحوي أو الوظيفي. ويعتمد التصنيف الصرفي على ماهية الزوائد التي تقبلها الكلمة، في حين أن التصنيف النحوي (الوظيفي) يعتمد على الخانة التي تشغلها الكلمة (كما شرحنا في الفصل الرابع تحت عنوان أنواع الكلمة).

ولمزيد من التوضيح، يمكن أن نجمل الأصناف النحوية في اللغة العربية هكذا:

1- خانة الاسم: إنَّ ـــــــ ....

ذهب إلى ـــــــ .

2- خانة الفعل: أراد أنْ ـــــــ .

ذهب لكي ـــــــ .

لَمْ ـــــــ .

3- الحرف: هو كل ما لا يستطيع إشغال خانة الاسم أو خانة الفعل.

النظرية التحويلية:

تنظر هذه النظرية إلى الجملة على أنها ذات تركيب باطني وتركيب ظاهري. وهناك قوانين تحويلية (إجبارية أو اختيارية) تقوم بتحويل التركيب الباطني إلى تركيب ظاهري. وعلى سبيل المثال:

1- طور العلماء العرب العلوم.

2- العلوم طورها العلماء العرب.

3- العلماء العرب طوروا العلوم.

4- العلماء العرب هم الذين طوروا العلوم.

5- إن الذين طوروا العلوم هم العلماء العرب.

6- مَنْ طور العلوم؟

7- العلوم طُوِّرت من قبل العلماء العرب.

8- طور العلماء العرب العلوم تطويراً.

إن نظرة فاحصة لهذه الجمل تبين أنها مشتقة من جملة رئيسية واحدة هي الأولى أو الثالثة. ويكن للمرء أن يفترض قوانين تحويلية تنظم التحويل من الجملة الأساسية إلى الجمل المشتقة.

ومن الممكن أن يفكر المرء في قوانين تحويلية تنظم التحويل لكل من الحالات الآتية (على سبيل المثال):

1- التحويل من الإثبات إلى النفي.

2- التحويل من الإخبار إلى الاستفهام.

3- التحويل من الجملة الفعلية إلى الجملة الاسمية.

4- التحويل من المبني للمعلوم إلى المبني للمجهول.

5- التحويل من الكلام المباشر إلى الكلام غير المباشر.

6- التحويل من جملة غير مؤكدة إلى جملة مؤكدة.

أسئلة وتمارين

1- عَرِّف ما يلي: النحو الوصفي، النحو الفرضي، النحو التاريخي، النحو المقارن.

2- بين نوع تصنيف الجملة في كل حالة مما يأتي (نفسي- تركيبي، أولي): جملة استفهامية، جملة تعجبية، جملة عطفية، جملة اسمية.

3- عَرِّف ما يلي (مع أمثلة): جملة فعلية، جملة مركبة، جملة إخبارية.

4- إذا كانت أصوات ومقاطع وكلمات اللغة محدودة العدد، فكيف تكون اللغة لا نهائية في جملها؟

5- ما الفرق بين صحة الجملة وصدقها؟

6- بين سبب عدم الصحة النحوية في الجمل الآتية:

أ) قال أنه سيتأخر غداً.

ب) هناك مشكلاتٌ من حيث التمويل.

ج) كلما زادت الحرارة كلما زاد التمدد.

د) قرأ أربع عشر كتاباً.

هـ) لقد بنت الدولة مدارساً عديدة.

و) صار ضعيف الجسم إذ أنه قد ناهز التسعين.

ز) مَنْ يخطئ عليه أن يتحمل نتيجة الخطأ.

7- أرسل الابن هدية إلى والدته. أعد ترتيب كلمات هذه الجملة على عدة وجوه لبيان المرونة النحوية.

8- لقد ذكر الكتاب (في هذا الفصل تحت عنوان البناء الأفقي للجملة) اثني عشرـ مثالاً على العلاقات الأفقية. اذكر عشرة أمثلة أخرى تنطبق على العربية.

9-إن العلاقات الأفقية تساعد في إحداث التوقع في أثناء القراءة. افتح كتاباً بالعربية على صفحة لم تقرأها سابقاً. ابدأ بقراءة الصفحة مع تغطية النصف الثاني من السطر الذي تقرؤه. واكتشف بنفسك قدرتك على التوقع الناجم م العلاقات الأفقية بين الكلمات.

10-مَنْ يدرسْ ينجح. ضع قائمة رأسية لكل خانة من الخانات الثلاث في هذه الجملة، أي قائمة بكلمات يمكن أن تشغل كل خانة.

11-ما المقصود بِـ "لا نهائية الجملة"؟

12-أكمل هذه الجملة بطريقة تبين "لا نهائية الجملة": ألَّف الأستاذ الكتاب / الذي يستعمله الطلاب / الذين يدرسون في الجامعة / التي تقع في عَمَّان / ...

13-ما الفرق بين القالب والجملة؟ وما الفرق بين القول والجملة؟

14- لقد ذكر المؤلف في هذا الفصل ستة قوالب أساسية وخمسة قوالب ثانوية. أضف قوالب ثانوية غير مذكورة في الفصل مع أمثلة.

15- أعط خمس جمل افتراضية من عندك، أي جملاً تتكون من كلمات غير حقيقية.

16- كل تركيب مما يلي يحتمل أكثر من معنى واحد. بين المعاني المحتملة لكل تركيب وسبب تعدد معانيه:

أ) معاونة الدولة.

ب) لم يأتِ مبكراً كعادته.

ج) تأثير التمرين على الاختبار.

د) تدريس الفريق.

هـ) خدمات طلابية.

و) ملاحظات صفية.

ز) تعليم تجاري.

ح) توجيه جماعي.

ط) ساعات مكتبية.

ي) مواد طلابية.

ك) صفات الفقرة الجيدة.

17- ارسم شجرة الجملة لكل جملة مما يلي حسب نظرية المكونات المباشرة:

أ) الحرارة والرطوبة تؤثران على معدل وضع البيض.

ب) الفحص أجري يومياً على عينات من ماء النهر.

ج) المصنع أنتج معدات ثقيلة وطائرات.

18- تحت عنوان (نظرية القوالب)، اقترح المؤلف بعض الخانات للاسم والفعل. فَكِّر في خانات أخرى تقتصر على الاسم وخانات أخرى تقتصر على الفعل.

19- حفظ الطالبُ القصيدة. حَوِّل هذه الجملة إلى عشرة أشكال متنوعة مع المحافظة على معناها الأساسي.

20- اكتب عشر جمل من عندك تحتمل كل واحدة منها أكثر مـن معنـى واحـد لأسباب نحوية.

الفصل السادس
علم الدلالة

تعريف:

علم الدلالة (أو علم المعاني) يبحث في معاني الكلمات والجمل، وهو أحد فروع علم اللغة النظري. وهو موضوع متشعب حيث إنه له جوانب فلسفية ونفسية ولغوية واجتماعية متعددة. ومن قضايا الدلالة المحيرة على سبيل المثال:

1- أيهما أسبق في النشأة: الكلمة أم المعنى؟
2- ما العلاقة بين الشيء والكلمة والمعنى؟
3- كيف تتخزن الكلمات والمعاني في الدماغ؟
4- ما العلاقات بين الكلمات من حيث المعاني؟
5- ما تأثير الكلمات على الفكر؟
6- ما تأثير الثقافة على اللغة؟

مثلث الدلالة:

في الدلالة هناك ثلاثة عناصر:

1- الشيء. وهو المشار إليه أو المدلول عليه. وهو موجود خارج الذهن وخارج البنية اللغوية.
2- الكلمة. وهي الدالّ، إذ هي الرمز الذي يشير إلى الشيء. وللكلمة شكل صوتي منطوق مسموع وشكل بصري مكتوب مقروء. وهي مصطلح تتفق عليه جماعة من الناس ليدل على شيء ما أو أمر ما.

3-   المعنى. وهو المفهوم أو المدلول. وهو الصورة أو الصفات أو السمات المجردة
التي يختزنها الدماغ لشيء ما أو أمر ما. ونقول شيئاً ما لأن بعض المعاني ترتبط
بالمحسوسات، ونقول أمراً ما لأن بعض المعاني ترتبط بالمجردات.

ولقد اختلف اللغويون في قضية العلاقة بين العناصر الثلاثة. فهناك كلمات لا ترتبط
بأشياء مثل: صدق، صحة، أمانة، تقوى، إيمان، خوف، سعادة وغيرها من الكلمات التي
تدل على مجردات. في هذه الحالات، يبدو أن لدينا عنصرين فقط: الكلمة والمعنى.
وهناك مسألة الترابط بين العناصر الثلاثة: هل الارتباط بين الكلمة والشيء ارتباط مباشر
أم ارتباط يمر عبر المعنى؟

وهناك مثلث مشهور في علم الدلالة يبين عناصر الدلالة يدعى مثلث الدلالة، كما
هو مبين هنا. ويمكن أن نتصور أن تطور نشأة هذه العناصر بدأ

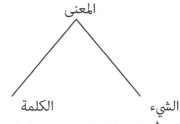

بوجود الشيء أولاً، ثم نشأ معنى معين هو مجموعة السمات المميزة لذلك الشيء،
ثم نشأت حاجة لإيجاد كلمة خاصة بذلك المعنى، فنشأت الكلمة بالتسلسل الآتي:
شيء ← معنى ← كلمة.

هذا من حيث تطور نشأة عناصر المثلث. أما بعد أن تنشأ الكلمة، تتغير خطوط
العلاقة بين هذه العناصر. فقد تأخذ العلاقة بينها أحد الخطوط الآتية:
1- شيء ← معنى ← كلمة. ترى شيئاً ما فتتذكر معناه ثم كلمته.

2- معنى ←——← كلمة ←——← شيء. تتذكر معنى ما ثم تتذكر الكلمة فالشيء.

3- كلمة ←——← معنى ←——← شيء. تسمع كلمة ما فتتذكر معناها ثم الشيء.

الحقول الدلالية:

انظر إلى هذه المجموعات من الكلمات:

1- وردة، زهرة، قرنفلة.

2- كتاب، موسوعة، مجلة، دورية، جريدة، كتيِّب، معجم، مرجع.

3- أسد، نمر، فيل، ذئب، ثعلب، فهد، ضبع.

4- حصان، بقرة، دجاجة، غنمة، جَمل.

5- جاع، مسطرة، نام، باب، سقف، رجل، نما، ذاب.

المجموعة (1) تنتمي إلى حقل دلالي واحد يمكن أن ندعوه "زهور". والمجموعة (2) تنتمي إلى حقل دلالي واحد ندعوه "مطبوعات". والمجموعة (3) تنتمي إلى حقل "الحيوانات البرية". والمجموعة (4) تنتمي إلى حقل "الحيوانات الداجنة". ولكن المجموعة (5) خليط من كلمات لا تنتمي إلى حقل واحد.

وتنقسم الحقول الدلالية إلى عدة أقسام:

1- حقل المحسوسات المتصلة. وهو حقل يتكون من كلمات تدل على محسوسات يختلف الناس في تصنيفها بسبب اتصالها مثل حقل الألوان.

2- حقل المحسوسات المنفصلة. وهو حقل يتكون من كلمات تشير إلى مسحوسات كل منها ذات منفصلة مستقلة، مثل حقل النباتات أو حقل الحيوانات.

3- حقل المجردات. وهو حقل يتكون من كلمات تشير إلى مجردات، مثل حقل الفضائل: امانة، صدق، كرم، شهامة، شجاعة، وفاء ... الخ.

ويلاحظ في الحقول الدلالية ما يلي:

1- تتماثل مكونات الحقل الواحد في التصنيف الصرفي أو النحوي، كأن تكون المكونات جميعها أسماء أو أفعالاً أو صفات. ولا يجوز أن يشمل الحقل الواحد على أسماء وأفعال مثلاً.

2- مكونات الحقل الواحد تتماثل في كونها محسوسة أو مجردة، فلا يجوز الجمع بين المحسوسات والمجردات في حقل واحد.

3- كلما زاد عدد السمات المشتركة بين الكلمات، قل عدد مكونات الحقل الواحد. وكلما قلّ عدد هذه السمات، زاد عدد مكونات الحقل الواحد. فلو قلنا "حيوان" لأمكن سرد آلاف الكلمات تحت هذا الحقل. ولكن لو قلنا "حيوان طائر" فإن كلمات هذا الحقل تقل كثيراً عن كلمات حقل "حيوان"، لأن سمة "طائر" سمة محددة إضافية. ولو قلنا "طائر مهاجر" فإن مكونات هذا الحقل تقل أكثر وأكثر.

التداعي والاقتران:

ماذا يخطر ببالك إذا قلتُ لك كلمة "ليل"؟ ماذا يتداعى لذاكرتك؟ ماذا يقترن بكلمة "ليل"؟ تداعي الكلمات إلى الذاكرة واقتران بعضها ببعض يختلف عن الحقول الدلالية رغم أنه متصل به بطرية ما. فالحقل الدلالي مصطلح لغوي، ولكن مصطلح التداعي مصطلح الاقتران مصطلحان نفسيان. وليس بالضرورة أن الكلمات المقترنة بالتداعي تنتمي إلى حقل واحد.

عندما نقول كلمة "ليل"، فقد تقترن بها في عقلك كلمة "نوم" أو كلمات مثل نام، سكون، حزن، صلاة، أفكار، أحلام، حلم، شعر. الليل والشِّعر كلمتان في علاقة اقترانية، ولكنهما ليستا في علاقة حقلية.

عندما أقول لك "عدوان"، فقد تقفز إلى ذاكرتك كلمة "إسرائيل". هذه علاقة اقترانية وليستا علاقة حقلية. وهكذا الحال في الثنائيات الآتية:

اليرموك - انتصار ، أمريكا - عدوان ، الربيع - السعادة. وتختلف العلاقة الاقترانية عن العلاقة الحقلية اختلافاً هاماً من حيث أن الأولى تختلف من شخص إلى آخر ومن وقت إلى آخر، في حين أن الثانية علاقة معجمية لغوية ثابتة. فعندما أقول لك (كَرَمٌ)، فقد تقترن بها لديك كلمة (بُخْلٌ)، ولكن لدى غيرك قد تقترن كلمة (حاتم الطائي)، ولدى ثالث كلمة (فضيلة)، ولدى رابع كلمة (وليمة). فالعلاقات الاقترانية فردية تختلف من شخص إلى آخر. كما أنها علاقات مؤقتة: جوابك الاقتراني اليوم قد يختلف عن جوابك الاقتراني غداً. فلو قلتُ لك (أسد) الآن فقد تقول (شجاعة)، ولكن لو قلتها لك غداً فقد تقول (ليث).

وهناك فرق آخر بين العلاقة الاقترانية والعلاقة الحقلية. وهو أن العلاقة الاقترانية لا تخضع لشروط العلاقة الحقلية. فالاقترانية تسمح بأية كلمات تتداعى إلى الذاكرة، إنها علاقة حرة مفتوحة. لو قلتُ لك "طعام" فقد تقول: فواكه، مطعم، جائع، أَكَلَ، شبعَ. قد تضع أسماء وأفعالاً وصفات حسبما يتداعى إلى ذاكرتك. ولكن العلاقة الحقلية لا تسمح بهذا الخليط من أنواع الكلمات، إذ ينبغي أن تكون كلمات الحقل الدلالي الواحد من نوع كلامي واحد، كأن تكون جميعها أسماء أو أفعالاً.

السمات الدلالية:

يمكن أن ننظر إلى الكلمة على أساس أنها تتكون من سمات موجبة أو سالبة مجتمعة معا. فمثلاً كلمة (عصفور) تتكون من السمات الآتية: + حيوان + طائر + مذكر + مفرد. كلمة (ولد) تتكون من: + حي + إنسان + مفرد + مذكر + سن دون السادسة عشر. كلمة (تفاحة) تتكون من: + شيء + طعام

+ فاكهة + مفرد + مؤنث. وكلما زاد عدد السمات المشتركة بين كلمتين، زاد التشابه بينهما. والعلاقة بين السمات قد تكون علاقة اشتمالية أي تَضَمُّنيَّة مثلاً:

+ إنسان ⊏ حي

+ طائر ⊣ حيوان.

حيث إشارة ⊏ تعني (يشتمل) أو (يتضمن).

أنواع العلاقات ضمن الحقل الدلالي:

الكلمات التي تنتمي إلى حقل واحد يرتبط بعضها ببعض بإحدى العلاقات الآتية (التي سنفصلها فيما بعد):

1- الترادف. مثل شجاع وجرئ، غني وثري.

2- التضاد. مثل غني وفقير، طويل وقصير، ساخن وبارد.

3- الاشتمال. مثل حيوان وأسد، زهرة وقرنفلة.

4- التنافر. مثل السبت والأحد والاثنين.

5- الجزئية. مثل يد وجسم، باب وغرفة، ورقة وكتاب.

الترادف:

الترادف هو أن تتماثل كلمتان أو أكثر في المعنى. وتدعيان مترادفتين وتكون الواحدة منهما مرادفة للأخرى. وأفضل معيار للترادف هو التبادل: فإذا حلت كلمة محل أخرى في جملة ما دون تغيير في المعنى كانت الكلمتان مترادفتين. مثال:

هذا والدي = هذا أبي. إذاً والد = أب. ويمكن استعمال إشارة = لتعني (ترادف).

والترادف اشتمالي تبادلي: كل أب والد وكل والد أب (إذاً أب = والد). كل عقيلة زوجة وكل زوجة عقيلة (إذاً زوجة = عقيلة). كل ثري غني وكل غني ثري (إذاً ثري = غني).

ويمكن التعبير عن الترادف بالطريقة الآتية:

*	س ⊂ ص	(من تشمل على ص)
	ص ⊂ س	(ص تشمل على س)
∴	س = ص	(إذاً من ترادف ص)
*	كريم ⊂ جواد	
	جواد ⊂ كريم	
∴	جواد = كريم	

ومن المترادفات عال / مرتفع، نبيه / ذكي، نظير / شبيه، متمرن / متدرب، معلم / مدرس.

وفي الواقع، إن الترادف الكامل نادر في اللغة، إذ ينـدر أن تتطابق كلمتـان تماماً في المعنى والاستعمال. مثال ذلك:

1. نقول: جبل عالٍ أو جبل مرتفعٍ. ولكن نقول عالي الهمة ولا نقول مرتفع الهمة. لو كان الترادف كاملاً. لأمكن أن نقول مرتفع الهمة بمعنى عالي الهمة.
2. نقول: حادّ السمع أو قوي السمع. ولكن نقول (سكين حاد) ولا نقول (سكين قوي). لو كان الترادف كاملاً لقلنا (سكين قوي) بمعنى حاد.
3. نقول: يعمل معلماً أو يعمل مدرساً. ولكن نقول علمه السباحة ولا نقول درّسه السباحة.
4. جاء الأسد أو الرئبال أو الليث أو الضرغام. قد يكون الترادف هنا كلياً مع فروق في شيوع الاستعمال. فالأسد هي الأشيع.

وهكذا فالترافد إما كلي وإما جزئي. ومن أمثلة الترادف الجزئي:

زوجة وعقيلة. في الغالب نقول: حضر السفير مع قيلته، ولا نقول (مع زوجته). (عقيلة) أرفع مرتبة اجتماعياً من (زوجة).

1. طالب وتلميذ. (طالب) لمن في المرحلة الثانوية أو الجامعية. (تلميذ) لمن في المرحلة الابتدائية ودونها. لا نقول هو تلميذ في الجامعة، بل نقول هو طالب في الجامعة. لاحظ أننا في حالات التبعية الفكرية نقول هو من تلاميذ أفلاطون ولا نقول من طلابه.

2. أستاذ ومعلم. أستاذ لمن كان يعلم في الجامعة. معلم لمن كان يعلم خارج الجامعة.

التضاد:

التضاد نوع من العلاقات بين كلمات الحقل الدلالي الواحد. ويمكن أن نستخدم إشارة (↔) لتدل على التضاد. والتضاد أنواع:

1. التضاد المتدرج: مثال ذلك ساخن، حار، دافئ، معتدل، بارد، مثلج، متجمد.

2. التضاد الحاد أو غير المتدرج: مثل ذكر وأنثى، أعزب ومتزوج، حي وميت، راسب وناجح. وهي علاقة غير قابلة للتدريج، فهي إما كذا وإما كذا. ووجود واحدة ينفي الأخرى. والبعض يدعوه التضاد الحقيقي أو التضاد التكاملي. ويعبر عنه منطقياً كما يلي:

س $\subset$ - ص (وجود س يتضمن نفي ص)

ص $\subset$ - س (وجود ص يتضمن نفي س)

3. التضاد العكسي: مثل يبيع ويشتري، بيع وشراء، بائع ومشتري، يُعَلِّم ويتعلم، يعطي ويستلم. إذا كان شخص ما (يبيع) فلا بد من وجود شخص آخر (ليشتري). إذا كان هناك (بائع) فلا بد من (مشترٍ). وإذا كان

هناك من (يعطي) فلا بد من وجود من (يستلم). ومن أمثلة التضاد العكسي: زوج وزوجة، أب وابن، والدة ومولود.

4. التضاد الاتجاهي: مثل فوق / تحت، علوي / سفلي ، شمال / جنوب ، شرق / غرب ، يمين / يسار. والتضاد الاتجاهي إما عمودي مثل شمال / شرق ، وشمال / غرب ، وإما امتدادي مثل شمال / جنوب ، شرق / غرب.

الاشتمال:

الاشتمال هو أن تتضمن كلمةً كلمةٌ أخرى أو كلمات أخرى. وبالرموز هكذا: مـن ص. لاحظ أن ص لا تشتمل س. مثال: ثمرة / تفاحة، حيوان / أسد، شجرة / البرتقال، مؤسسة / مدرسة، نبات / عشب، زهرة / ورد، أثاث / كرسي. وتدعى الكلمة الأولى كلمة مشتملة والثانية كلمة مشتملة. ويمكن أن ندعو الأولى كلمة رئيسية والثانية كلمة ثانوية. والاشتمال يعني أن كلمة تشتمل على الثانية ولكن الثانية لا تشتمل على الأولى. فكلمة (حيوان) تشتمل على (أسد) لأن الأسود نوع من الحيوانات.

إذا كانت س ص، فإن كل ص هو س ولكن ليس كل س هو ص. مثلاً كلمة (حيوان) تشمل (أسد)، فكل أسد حيوان ولكن ليس كل حيوان أسداً. ويمكن أن نعبِّر عن هذه العلاقة بالترميز هكذا:

س ⊃ ص

∴ كل ص هو س

وبعض س هو ص.

مثال آخر: نبات   عشب. كل الأعشاب نباتات، ليس كل النباتات أعشاباً، بعض النباتات أعشاب.

أما إذا كان الاشتمال متبادلاً، فهو ترادف. ولقد ذكرنا هذا تحت عنوان الترادف.

التنافر:

التنافر أحد علاقات الكلمات في الحقل الدلالي الواحد. وهو اختلاف في معاني كلمات ولكنه لا يشبه التضاد ولا الاشتمال. والعلاقة التنافرية على أنواع:

1. علاقة انتسابية: كلمتان أو أكثر تنتسب بالتساوي إلى حقل واحد. خروف وبقرة تنتسبان بالتساوي إلى حقل (حيوان). ولذلك فلا يمكن أن يكون حيوان ما بقرة وخروفاً في الوقت ذاته. إذا كان بقرة فلا يمكن أن يكون خروفاً، وإذا كان خروفاً فلا يمكن أن يكون بقرة. العلاقة بين بقرة وخروف علاقة تنافرية. ولكن العلاقة بين حيوان وكل من بقرة وخروف علاقة اشتمال.
2. علاقة رُتْبية أو هرمية. في بعض الجامعات توجد الرتب العلمية الآتية: مساعد بحث، مدرس، محاضر، أستاذ مساعد، أستاذ مشارك، أستاذ. وهي رتب متسلسلة تصاعدياً من الأدنى إلى الأعلى. إذا كان شخص ما "محاضراً"، فهذا يعني نفي الرتب الأخرى عنه، إذ لا يمكن أن يكون إلاّ في رتبة واحدة في الوقت الواحد. ويشبه ذلك الدرجات الوظيفية من 1 - 14 أو من 10 - 1. ويشبه ذلك أيضاً الرتب العسكرية.
3. علاقة دائرية. كل كلمة تكتسب معناها من موقعها في المجموعة الدائرية التي لا تستطيع بالضرورة أن تحدد بدايتها أو نهايتها، مثلاً أيام الأسبوع أو فصول السنة أو شهور السنة.

7- ويمكن وصف العلاقة التنافرية بالترميز الآتي:

8- س ⊂ - ص

9- ص ⊂ - س

10- للتوضيح نقول: (السبت) يتضمن نفي الأيام الأخرى، والأيام الأخرى تعني نفي (السبت). (خروف) يتضمن نفي (بقرة)، (بقرة) تتضمن نفي (خروف).

11-الجزئية:

12- قد تكون العلاقة بين كلمة وأخرى علاقة الجزء بالكل أو الكل بالجزء، مثل غلاف / كتاب، مقود / سيارة، حائط /غرفة، ظهر / جسم، عين / وجه، قلب / صدر.

13-الاختلاف في المعنى:

14- الكلمات / طويل، سمين، كريم / مختلفة في المعنى ولكنها غير متنافرة ولا متضادة. يمكن أن يكون شخص ما طويلاً وسميناً في وقت واحد. ولكن لا يمكن أن يكون الماء حاراً وبارداً في وقت واحد (فهذا الأخير تضاد متدرج). ولا يمكن أن يكون شخص ما راسباً وناجحاً في الوقت ذاته (فهذا تضاد حاد). ولا يمكن أن يكون بائعاً ومشترياً في العملية ذاتها (فهذا تضاد عكسي). ولا يمكن أن يذهب المرء إلى الأمام وإلى الخلف في الوقت ذاته (فهذا تضاد اتجاهي).

ولا يمكن لحيوان ما أن يكون أسداً وذئباً في الوقت ذاته (فهذا تنافر انتسابي). ولا يمكن أن يكون العسكري ملازماً وعقيداً في الوقت ذاته (فهذا

تنافر رتبي). ولا يمكن أن يكون الفصل صيفاً وربيعاً في وقت واحد (فهذا تنافر دائري).

إذا كانت الكلمات في علاقة اختلافية يجوز أن تجتمع هذه الكلمات معاً في حالة واحدة في وقت واحد. ولكن إذا كانت الكلمات في علاقة تضادية أو تنافرية فلا يجوز أن تجتمع معاً في حالة واحدة في الوقت ذاته.

التعريف:

كيف يمكن أن نعرِّف أو نشرح كلمة ما؟ ما هي أنواع التعريفات؟

1. **التعريف الوصفي:** أن نعطي وصفاً للمعرِّف. مثلاً الحوت هو أكبر حيوان بحري طوله قد يصل إلى ثلاثين متراً وعرضه إلى ستة أمتار ... الخ.
2. **التعريف الوظيفي:** أن نعطي وظيفة المعرِّف. مثلاً حرف الجر هو أداة تسبق الاسم وتجره.
3. **التعريف الإشاري:** أن نشير إلى المراد تعريفه. مثلاً العندليب هو ذاك.
4. **التعريف الترتيبي:** أن نعرف عن طريق بيان الترتيب أو الموقع. مثلاً: السبت يوم يقع بين الجمعة والأحد.
5. **التعريف الترادفي:** أن نعطي المرادف. مثلاً غني تعني ثري.
6. **التعريف التضادي:** أن نعطي كلمة مضادة. مثلاً غني ضد فقير.
7. **التعريف الاشتمالي:** أن نبين العلاقة الاشتمالية بين كلمة وأخرى. مثلاً التفاح نوع من الفواكه.

المعنى النسبي:

هناك في اللغة كلمات نسبية ذات معنى نسبي، مثل قريب، بعيد، صغير، كبير، ثقيل، خفيف، سهل، صعب، كثير، قليل، قصير، طويل. وتظهر نسبية هذه الكلمات على النحو التالي:

يختلف التقدير بشأنها من فرد إلى آخر. فما هو قريب في نظرك قد يكون بعيداً في نظر سواك.

1. يختلف التقدير بشأنها من وقت لآخر. فما تقول عنه (قريب) اليوم قد تقول عنه (بعيد) غداً. الأمر يتوقف على الحالة النفسية للمتكلم وعلى سياق المحادثة العام.

2. يختلف التقدير بشأنها حسب الموصوف. وعلى سبيل المثال، الفيل الصغير أكبر من الأرنب الكبير. هنا صار (الصغير) أكبر من (الكبير) بسبب المعاني النسبية لهذه الكلمات.

ونلاحظ أن الكلمات النسبية في الغالب صفات في الأساس، ولكن يمكن أن تكون أفعالاً مثل بَعُد، قَرُب، كثر، قَلَّ. كما أنها تدل في الغالب على مسافة أو وزن أو عدد أو حجم.

المعنى الأساسي والمعنى المجازي:

لكل كلمة معنى أساسي هو معناها المعجمي الذي وضعت له أساساً. والبعض يدعوه المعنى الحرفي أو المعنى الدلالي، وهو المعنى الذي تدل عليه الكلمة أساساً. ويتحقق المعنى الأساسي بالالتزام باستعمال الكلمة وفقاً لسماتها الدلالية. مثلاً، عندما نقول (شرب الولد الماء)، فإننا هنا قد استخدمنا كل كلمة في الجملة وفقاً لسماتها الدلالية:

1. شرب. فعل فاعله إنسان أو حيوان، ومفعوله سائل صالح للشرب.
2. الولد. فاعل إنسان قادر على الشربْ.
3. الماء. مفعول به، شراب صالح للشرب.

ولكن عندما نقول (شرب الولد الثقافة)، يصبح استخدام (شرب) هنا مجازياً، لأن مفعولها ليس مما يشرب أساساً.

انظر إلى الجمل التالية:

4. انظر إلى هذه الزهرة الباسمة.

5. سخرت الأمواج الهادرة.

6. ليست الأرض ثوباً أخضر.

نعرف أن الزهرة لا تبتسم وأن الأمواج لا تسخر وأن الأرض لا تملك فستاناً أخضرـ ولا تستطيع أن تلبس ثوباً ولا قميصاً. إن خرق قوانين السمات الدلالية يخرج الاستعمال من معناه الأساسي (المعجمي) إلى معناها المجازي. والاستعارة والمجاز يتحققان على هذا النحو: إخراج الكلمة من معناها الأساسي إلى معناها المجازي عن طريق خرق قوانين التتابع الأفقي العادية.

7. هضم الطالب الدرس.

نتوقع بعد (هَضَمَ الطالبُ) كلمة مثل الطعام، الوجبة، الغذاء، وفقاً لقوانين التتابع الأفقي المبنية على قوانين السمات الدلالية، إذ إن (هضم) تشترط سماتها مفعولاً به مما يؤكل ويهضم. إن خرق قوانين التتابع يعني خرق قوانين السمات، ويعني بالتالي التحول من المعاني الأساسية إلى المعاني المجازية. وكثير مـما نقولـه ونكتبه يقع في بـاب المجاز الذي به نحلي اللغة ونجعل لها طعماً خاصاً ونكهة خاصة ولوناً جمالياً خاصاً. بالمجاز يحلو سحر البيان، وبه تزدان اللغة وتغني.

المعنى الوجداني:

الكلمة في اللغة لها معنى أساسي يدعوه البعض المعنى الـدلالي. وهو المعنى المعجمي أو القاموسي الذي تدل عليه الكلمة. وهو معنـى موضـوعي عـام مشـترك بين أهل اللغة لا يختلف من شخص لآخر. غير أن بعض كلمات اللغة لها معنى عاطفي وجداني إضافة إلى معناها الـدلالي الأسـاسي. ومـن أمثلـة الكلمات الغنيـة بالمعنى الوجداني: وطن، أم، أب، وفاء، صداقة، ابن، أخ، صديق. كل كلمة من هذه الكلمات لها معنى أساسي مصحوب بشحنة غنية مـن

العواطف. فالوطن هو أساساً مكان الولادة أو بلد السكن والانتماء، ولكنه أيضاً مكان الذكريات والأمن والاستقرار ومؤئل الأهل والأحباء. والأم أساساً هي الوالدة، ولكنها أيضاً رمز للعطاء والحنان.

والمعنى الوجداني قد يكون عاماً وقد يكون خاصاً. المعنى الوجداني العام معنى مشترك بين أهل لغة ما، مثل المعنى الوجداني المصاحب لكلمات أب، أخ، وطن، حيث إن جميع الناطقين بالعربية يشتركون في فهم المعاني الوجدانية المرتبطة بهذه الكلمات. أما المعنى الوجداني الخاص فهو معنى يعتمد على تجربة خاصة لفرد ما. فلو أن طفلاً تعرض لعضة كلب، فإن كلمة (كلب) تكتسب معنى وجدانياً سلبيا لدى ذلك الطفل.

والمعاني الوجدانية نوعان: إيجابية وسلبية. فالمعاني الإيجابية تشمل عواطف من مثل الوفاء والحنان والصداقة والأخوة والسعادة والسرور والرضا والارتياح. والمعاني السلبية تشمل حالات من مثل الغدر والعدوان والشقاء والغضب والسخط.

الاشتراك اللفظي:

الاشتراك اللفظي هو أن تتطابق كلمتان أو أكثر في اللفظ وتختلفان في المعنى أو الكتابة أو كليهما. مثل ذلك:

1- وَجَدَ. وَجَدَ الشيء إذا كان ضائعاً. وَجَدَ عليه أي ضغن. وجده مسافراً أي علم بسفره.

2- خال. الخال أخو الأم. والخال على الوجه. وخالٍ بمعنى فارغ.

3- عين. العين التي ترى بها. وعين على قومه أي جاسوس. وعين في قومه أي من وجوههم. وعين الماء. وجاء الرجل عينه أي نفسه. وعين الإبرة. وفي عين السماء أي في وسطها. والعين أي النقود.

4- فاتح. فاتح الشهر أي بدايته. وفاتح الباب أي من فتحه. وفاتح ضد غامق اللون.

5- دقيق. الدقيق هو الطحين. وقول دقيق أي صحيح تماماً. وسلك دقيق أي ليس سميكاً.

6- إنسان. أنت إنسان. وإنسان العين أي البؤبؤ.

وفي بعض اللغات يكون الاشتراك اللفظي بكلمات تتطابق لفظاً وتختلف كتابة ومعنى. مثل right (صواب)، write (يكتب)، rite (طقس من الطقوس). كما يكون الاشتراك اللفظي بالكلمة ذاتها مثل right (صواب + يمين)، light (ضوء + خفيف + فاتح)، fly (ذبابة + يطير).

وتدعى الكلمة ذات الاشتراك اللفظي مشتركاً لفظياً. وبعض العلماء ينكر وجود هذه المشتركات ويفسرها على أساس المعاني الأساسية والمعاني المجازية. وقد يصح هذا التفسير في بعض الحالات، ولكنه لا يفسر جميع الحالات.

الاشتراك الكتابي:

الاشتراك الكتابي هو أن تتطابق كلمتان أو أكثر في الشكل الكتابي وتختلف في المعنى أو اللفظ أو كليهما. مثال ذلك:

1- fair. تعني (معرض) وتعني (عادل).

2- read . تعني يقرأ، قرأ (مع اختلاف اللفظ).

3- lead . تعني رصاص، يقود (مع اختلاف اللفظ).

وتدعى الكلمة ذات الاشتراك الكتابي مشتركاً كتابياً. ويختلف الاشتراك اللفظي عن الاشتراك الكتابي في أن الأول اشتراك في اللفظ أساساً في حين أن الثاني اشتراك في الكتابة أساساً. ولكن في بعض اللغات (كما في العربية) يغلب أن يتطابق الشكل اللفظي مع الشكل الكتابي، وفي هذه الحالة يكون

الاشتراك الكتابي اشتراكاً لفظياً أيضاً. ولكن هذا الحال لا ينطبق على سائر اللغات.

توسيع المعنى:

عبر مرور السنين وظهور حاجات لغوية جديدة، قد يوسع أهل اللغة معنـى كلمـة ما ليشمل معاني جديدة. مثال ذلك:

1- مصرف. أساساً هو مكان صرف الماء. وتوسع ليعني (بنك).

2- فصل. أساساً هو فصل من فصول السنة الأربعة. وتوسـع ليعنـي فصلاً دراسياً (الفصل الأول والفصل الثاني من كل عام دراسي).

3- سَيَّارة. أساساً هم من يسيرون. وتوسعت لتعني السيارة التي تركبها.

4- ساندويش. أساساً هو اسـم شخص. وتوسـعت لتعنـي الشطيرة التـي سميت باسمه.

تضييق المعنى:

قد يطرأ على الكلمة تحديد لمعناها هو تضييق أو تخصيص. مثال ذلك:

1- زكاة. أساساً هي طهارة. فضاقت لتعني تزكية المال.

2- حَجٌّ. أساساً هو القصد. فضاقت لتعني حج البيت الحرام.

3- الإسلام. أساساً هو الخضوع. فضاقت لتعني الخضوع لله كما شرع الله.

4- عيادة. أساساً هي زيارة. فضاقت لتعني عيادة الطبيب.

5- مصيبة أساساً هي ما يصيب المرء من خير أو شر فضاقت لتعني ما يصيب من شر فقط.

6- وزير. أساساً هو من يحمل العبء. فضاقت لتعني الوزير في مجلس الوزراء.

المعنى التحليلي والمعنى التركيبي:

إذا انتقلنا من معنى الكلمة إلى معنى الجملة، فإن الجملة من حيث معناها نوعان:

1- الجملة التحليلية. وهي جملة صادقة تستمد صدقها من تحليل معاني مفرداتها، أي إن صدقها لغوي. مثال ذلك:

− الأعزب رجل غير متزوج.

− الأسرة تتكون من الزوج والزوجية والأبناء.

− المدرس يعلّم طلابه في المدرسة.

إن الجملة التحليلية جملة صادقة صدقاً حتمياً بحكم معاني مفرداتها. فالأعزب، على سبيل المثال، رجل غير متزوج، ولا يمكن أن يكون غير ذلك.

2- الجملة التركيبية: وهي جملة تستمد صدقها (إن كانت صادقة) من خارج الجملة ذاتها. وهي بذلك تحتمل الصدق أو عدم الصدق وفقاً لمطابقتها للواقع. مثال ذلك:

− هاني طالب مجتهد.

− وسام رجل أمين.

− منير موظف قدير.

− مجدي مهندس ماهر.

المعنى المفرداتي والمعنى القواعدي:

على مستوى الجملة أيضاً، معنى الجملة يتكون من معاني مفرداتها محكومة بمعانيها القواعدية (النحوية والصرفية). مثال: قتل الرجل الأسد. هذه الجملة يتكون معناها من العناصر الآتية:

1- المعاني المفرداتية. لو أبدلنا كلمة (قتل) بكلمة (ركب) لتغير معنى الجملة. وهذا يدل على أهمية المعنى المفرداتي.

2- المعنى الصرفية. (الرجل) مفرد، وليست (الرجال). (الأسد) مفرد، وليست (الأسود). الرجل معرفة، وليست (رجل)، وكذلك (الأسد). الإفراد والتعريف محددات صرفية تساهم في تكوين معنى الجملة.

3- المعاني النحوية. (الرجلُ الأسدَ) تختلف عن (الأسدُ الرجلَ). وهذا عامل نحوي له تأثير حاسم في المعنى. فالترتيب الأول يجعل الرجل قاتلاً والترتيب الثاني يجعل الرجل مقتولاً. وشتان بين القاتل والمقتول!! كل ذلك بضمة أو فتحة أو تقديم أو تأخير.

المعنى والسياق:

كثير من الكلمات يختلف معناها حسب السياق اللغوي الذي تقع فيه. ويحدث أن نفهم كلمة ما، ونحن نقرأ، على نحو ما، ثم نعدل معناها في ضوء السياق اللغوي التالي. ولذلك فنحن لا نقرأ دائماً باتجاه واحد، كثيراً ما نعود إلى الخلف لتعديل ما فهمنا في ضوء ما يستجد في أثناء عملية القراءة. وإذا كان لكلمة ما عدة معانٍ، فإن السياق اللغوي هو الذي يحدد المعنى المقصود من بين تلك المعاني. مثال ذلك:

1- قرأت الفصل الخامس من الكتاب.

2- إن الربيع هو أجمل <u>فصل</u> من فصول السنة.

3- إننا الآن في <u>الفصل</u> الأول من هذا العام الدراسي.

4- شاهدنا <u>الفصل</u> الثاني من المسرحية.

5- لم يستلم قرار <u>الفصل</u> من العلم.

6- إنه لَقَوْلٌ <u>فصل</u>.

نلاحظ في الجمل الخمس السابقة أن كلمة (الفصل) يتغير معناها من جملة إلى أخرى، ويتحدد المعنى في كل حالة حسب السياق اللغوي.

المعنى والمؤثرات الخارجية:

معنى الجملة لا يتحدد دائماً وبشكل مطلق بمفرداتها ومعناها القواعدي. فهناك مؤثرات خارج لجملة قد تؤثر في معناها قليلاً أو كثيراً. من هذه المؤثرات ما يلي:

1- الحركات الجسمية. عندما يتكلم المرء، قد يحرك يده أو يديه، يحرك رأسه، أصابعه، عينيه، جسمه. هذه الحركات الجسمية المصاحبة للكلام قد تؤثر في معنى الجملة بطريقة أو بأخرى. بل في بعض الأحيان، قد تناقض هذه الحركات معنى الجملة. وفي الغالب، تؤكد هذه الحركات معنى الجملة، ولكن، كما ذكرتُ، قد تفيد معنى مناقضاً لمعنى الجملة.

2- انفعالات الوجه. إن الوجه يبدي انفعالات في أثناء الكلام، من مثل الندم والسرور والحزن والأسف والشوق والعتاب واللوم والتهديد والغضب والضعف. وكثير من هذه الانفعالات تظهر في العينين اللتين هما مرآة النفس. كما قد تظهر هذه الانفعالات من الشكل الذي تتخذه الشفتان سروراً أو حزناً. كما تظهر الانفعالات من شكل ودرجة توتر عضلات الوجه.

3- النغمة العامة. إذا استمعتَ إلى صوت شخص يتكلم دون أن تراه تستطيع من نغمة صوته أن تعرف نوع انفعالاته. فالنغمة في الصوت تكشف الحالة النفسية للمتكلم: هل هو حزين أم مسرور أم غاضب أم متوتر أم آسف أم ماذا؟

4- أدوار المتخاطبين. العلاقة بين المتكلم والسامع تؤثر في معاني الجمل المتبادلة بينهما، ومن أمثلة هذه العلاقات الفاعلة ما يلي: أستاذ ← طلاب، أب ← ابن، زوج ← زوجة، أم ← ابن رئيس ← مرؤوس، صديق ← صديق. كما أن اتجاه العلاقة مهم في هذه الحالة: أستاذ → طالب أم طالب → أستاذ؟ أب → ابن أم ابن → أب؟

5- العلاقة السابقة للتخاطب. مما يؤثر في معاني الجمل وردود الفعل عليها العلاقة السابقة للتخاطب. هل العلاقة بين المتخاطبين علاقة ودية أم علاقة متوترة؟ هل هي علاقة مواءمة أم علاقة مواجهة؟ هذه العوامل النفسية تؤثر في فهم كل منهما للآخر.

6- البيئة المادية المحيطة. إن البيئة المادية المحيطة بالمتخاطبين قد تؤثر في التركيب النحوي، حيث إن المتخاطبين قد يكتفيان بالإشارة إلى مكونات البيئة المادية دون التصريح بها في السياق اللغوي.

أسئلة وتمارين

1- ما العلاقة بين الشيء والكلمة والمعنى؟

2- أضف عشر كلمات على الأقل لكل حقل دلالي مما يلي:

- ذهب، حديد، قصدير، ....
- ابن، حفيد، خال، عَمّ، ....
- يحرث، يزرع، يسقي، ....
- طاولة، كرسي، سرير، ....

- قلم، مساحة، مسطرة، ....

- طويل، سمين، ....

3- ما الفروق بين العلاقة الحقلية والعلاقة الاقترانية بين الكلمات؟

4- اذكر السمات الدلالية المحددة لكل كلمة مما يلي: نام، صام، معلِّم، طائرة، كريم، زهرة. استعمل الإشارة / + / أو / - / قبل كل سمة.

5- ما معنى العبارات الترميزية الآتية؟ أعط ثلاثة أمثلة على كل عبارة:

- س = ص
- س ⊂ ص
- س ⊆ ص
- س ↔ ص

6- أعط ثلاثة أمثلة على كل علاقة مما يأتي: الترادف الكلي، الترادف الجزئي، التضاد لمتدرج، التضاد الحاد، التضاد العكسي، التضاد الاتجاهي، الاشتمال، التنافر الانتسابي، التنافر الرتبي، التنافر الدائري.

7- ما نوع العلاقة بين كل كلمتين مما يلي: قلب - فؤاد، حب - غرام، صادق - كاذب - يسأل - يجيب، شمالي شرقي - جنوبي غربي، مجتهد - كسول، فاكهة - درّاق، ملازم - عقيد، رمضان - شعبان، غلاف - كتاب؟

8- س = ص تعبير ترميزي عن علاقة الترادف. كيف تعبِّر ترميزياً عن كل علاقة مما يلي: التضاد، التضاد غير المتدرج، الاشتمال، الاشتمال التبادلي، التنافر؟

9- ما الفرق بين الاختلاف في المعنى من ناحية و التضاد والتنافر من ناحية أخرى؟ أعط أمثلة.

10- هل المعنى في الكلمات الآتية مطلق أم نسبي: بعيد، مدينة، ثقيل، جميل، كتاب، سهل، متجمد، قليل، صعب، لطيف، كبير، أملس؟

11- استعمل كل كلمة مما يلي في جملتين مرة بالمعنى الأساسي ومرة بمعنى مجازي: بستان، بدر، وردة، أسد، مرآة، كتاب، ابتسم، ضحك، زلزال.

12- أعط بضع كلمات غنية بالمعنى الوجداني العام.

13- أعط بعض الكلمات ذات المعنى الوجداني الخاص بك أنت في ضوء تجربتك الشخصية.

14- أعط أمثلة (من غير المذكورة في الكتاب) على كل مما يلي: الاشتراك اللفظي، الاشتراك الكتابي، توسيع المعنى، تضييق المعنى.

15- ما الفرق بين معنى الجملة التحليلي ومعناها التركيبي؟

16- اشرح كيف تؤثر العوامل الخارجية في معنى الجملة. أعط أمثلة تخاطبية.

الفصل السابع

اللغة والزمن

إن الإنسان وكل ما يعيش معه يعيش عبر الزمن ويتأثر حتماً بالزمن، الذي هو أحد أبعاد الكائنات. فكل شيء يوجد في مكان ويوجد في زمان. واللغة كائن يتأثر تأثراً بالغاً بالزمان الذي امتد ويمتد آلاف السنين. ويدعى فرع علم اللغة الذي يبحث في تطور اللغة عبر القرون علم اللغة التاريخي.

نشأة اللغة

من الأسئلة التي تشغل بال المفكر أو العالم أو المثقف سؤال هام يتعلق بنشأة اللغة. متى نشأت اللغة؟ وكيف؟ وهل كانت اللغات لغة واحدة في بادئ الأمر ثم تفرعت إلى لغات أم ماذا؟ لقد اختلف المنظرون في هذا الشأن وظهرت عدة نظريات لتفسير ظاهرة نشوء اللغة:

1- نظرية الإلهام الإلهي: ترى هذه النظرية أن اللغة كانت إلهاماً من الله سبحانه إلى آدم أبي البشر جميعاً. لقد ألهمه الله لغة ما ليتفاهم بها مع حواء ومع أبنائه ثم توارث الأبناء هذه اللغة من والديهم. ومع مرور آلاف السنين وانتشار الناس في أمصار الأرض تفرعت اللغة الواحدة إلى لهجات، ثم تباعدت اللهجات وتمايزت عن بعضها البعض حتى تحولت إلى لغات مستقلة. وتستند هذه النظرية إلى قوله تعالى في القرآن الكريم "وعلم آدم الأسماء كلها" (البقرة: 31). غير أن بعض المفسرين يفهمون هذه الآية على أن الله سبحانه وضع في آدم القدرة اللغوية، أي القدرة على استحداث لغة ما وأن الله لم يعلمه لغة ما بشكل مباشر.

2- نظرية الابتداع الارتجالي: وهي نظرية ترى أن الإنسان ابتدع كلمات على نحو ارتجالي ثم تواضع الناس في مجتمع ما على كلمات معينة لتعني معاني معينة. وكانت تلك بداية نشأة اللغات.

3- نظرية المحاكاة: وهي نظرية ترى أن الإنسان أنشأ بداية اللغة عن طريق تقليده للأصوات التي كان يسمعها حوله في الطبيعة، أصوات الرياح والحيوانات والمياه والأشياء.

4- نظرية الاستعداد الفطري: وهي نظرية ترى أن الله خلق الإنسان مفطوراً على قدرة استحدات أدوات الاتصال اللغوي وأن الإنسان مفطور على القدرة على التعبير عن انفعالاته.

ولقد اختلف العلماء اختلافاً واضحاً في مسألة نشأة اللغة. وقدم كل فريق حججاً لدعم نظريته ودحض النظريات المعارضة. ولكن من يدري؟ فقد تكون النظريات الأربع كلها صحيحة، وليست بالضرورة متعارضة. فقد يكون جزء من لغة الإنسان إلهاماً من الله، وجزء منها ابتداعاً وارتجالاً، وجزء منها محاكاة، وجزء منها استعداداً فطرياً. من الجائز عقلاً أن العوامل الأربعة مجتمعة اشتركت في مساعدة الإنسان على إيجاد لغته الأولى أو لغاته الأولى. وفي كتابنا هذا، الذي هو مدخل إلى علم اللغة، لا نريد الإطناب في مسألة نشأة اللغة.

تصنيف اللغات:

هناك عدة طرق لتصنيف اللغات. فهناك التصنيف الجغرافي الذي يعتمد على التوزيع الجغرافي للغات عبر القارات. وهناك التصنيف النوعي الذي يعتمد على الخصائص الصرفية والنحوية للغات. وهناك التصنيف السلالي الذي يعتمد على انتساب اللغة إلى سلالة أو عائلة لغوية وتفرعها من تلك العائلة اللغوية.

وحسب التصنيف الجغرافي، تنقسم اللغات إلى التجمعات الآتية:

1- اللغات الأسيوية. وهي اللغات الحية المستخدمة في قارة آسيا، مثل الكورية واليابانية والأردية والعربية والفارسية والتركية والفيتنامية.

2- اللغات الإفريقية. وهي اللغات المستخدمة في قارة إفريقيا، مثل العربية والسواحلية والنيجيرية.

3- اللغات الأوروبية. وهي اللغات المستخدمة في قارة أوروبا، مثل اليونانية والإيطالية والإسبانية والفرنسية والألمانية والإنجليزية.

4- اللغات الأمريكية. وهي المستخدمة في أمريكا الشمالية وأمريكا الوسطى وأمريكا الجنوبية، مثل الإنجليزية والفرنسية والإسبانية والبرتغالية ولغات الهنود الحمر.

5- اللغات الأسترالية. وهي المستخدمة في قارة أستراليا مثل الإنجليزية ولغات السكان الأصلين في أستراليا.

وحسب التصنيف النوعي الذي يعتمد على الخصائص الصرفية والنحوية للغات، فإن اللغات يمكن أن تصنف على النحو الآتي:

1- اللغات المتصرفة، مثل العربية واليونانية واللاتينية والهندية والفارسية. ويدعوها البعض اللغات التحليلية. ومن ميزة هذه اللغات أن معنى الكلمة يتغير بتغير البُنْية الصرفية. انظر إلى الفروق في المعنى بين الكلمات كَتَبَ، كُتِبَ، كتابة، كاتب، مكتوب، كتاب، كُتُبٌ، مكتب، مكتبة. كما أن من خصائص هذه اللغات حركات الإعراب التي تأتي في أواخر الكلمات لبيان علاقة كل كلمة بسواها من الكلمات في الجملة الواحدة.

2- اللغات اللصقية أو الوصلية، مثل اليابانية والتركية والمنغولية والمنشورية. من خصائص هذه اللغات أنها تعتمد على السوابق واللواحق لتغيير معنى الكلمة أو لتحديد علاقتها النظمية، أي علاقتها داخل نظم الجملة. وللتذكير، فالسابقة وحدة تضاف في أول الكلمة مثل im في impossible. واللاحقة وحدة تضاف في آخر الكلمة مثل nees - في blackness .

3- اللغات العازلة أو غير المتصرفة، مثل الصينية والتبتية. من خصائص هذه اللغات أن الكلمات فيها ثابتة لا تتغير ولكل كلمة بنية صرفية ثابتة ومعنى مستقل ثابت. والكلمات هنا لا تقبل اللواصق، أي السوابق واللواحق والدواخل. وتتحدد العلاقات بين كلمات الجملة الواحدة عن طريق ترتيبها أو سياق الكلام.

ويرى بعض علماء اللغة أن التصنيف النوعي غير دقيق لأن أكثر اللغات فيها خصائص مشتركة، إذ إن اللغة الواحدة فيها خصائص التصريف واللصق والعزل مجتمعة. فلو نظرنا في اللغة العربية، على سبيل المثال، لوجدنا أنها لغة متصرفة حيث من الممكن أن نشتق عشرات الكلمات من أصل واحد، كما أن حركات الإعراب تحدد العلاقات داخل الجملة الواحدة. كما أن العربية لغة لصقية لأنها تسمح بإضافة اللواصق (أي الزوائد) للكلمات وخاصة اللواحق كما في تاء التأنيث وألف التثنية وواو الجماعة وغيرها. كما أن العربية لغة عازلة إذ نجد فيها كثيراً من الكلمات المبنية التي لا تقبل حركات الإعراب ولا تقبل التصريف مثل الحروف.

وحسب التصنيف السلالي، تنقسم اللغات إلى العائلات الآتية:

1- العائلة الهندية الأوروبية. وتتكون من عدة شعب هي: اللغات الهندية، واللغات الإيرانية (مثل الفارسية والكردية)، واللغات الأرمنية، واللغات اليونانية (مثل اليونانية القديمة واليونانية الحديثة)، والألبانية، واللغات الطليانية (مثل اللاتينية والإيطالية الحديثة والفرنسية والإسبانية والبرتغالية)، واللغات السلتية (مثل الإيرلندية والويلزية)، واللغات الجرمانية (مثل الإنجليزية والألمانية والسويدية والدانماركية والأيسلندية والنرويجية)، واللغات البلطيقية السلافية (مثل اللتوانية والروسية والأكرانية والبلغارية والكرواتية).

العائلة الهندية الأوروبية
الجرمانية
الألبانية
الأرمنية
الإيرلندية القديمة
الويلزية
اليولزية
الانجليزية
الهولندية
الأسلندية
الدنماركية
النرويجية
السويدية
الألمانية
القوطية
اللاتينية
البرتغالية
الإسبانية
الفرنسية
الإيطالية
الرومانية
اليونانية الحديثة
البلطيقية
اللترانية
السلافية
السلافونية
البلغارية
الكرواتية
السلوفانية
البوهمية
السلوفانية
البولندية
الاكرانية
الروسية
الهندية - السنسكريتية - الهندوستانية
الهندية
الأردية
الإيرانية - الفارسية القديمة - الساسانية
البرشتية
الفارسية الحديثة

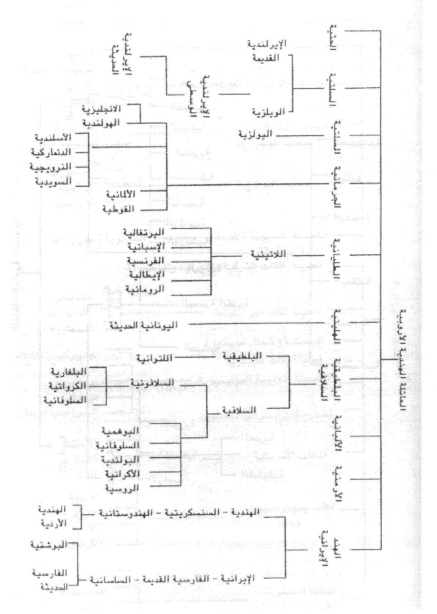

المصرية القديمة
القبطية
المصرية
القبيلية
الشاوية
التماشكية
البربرية
الشلحية
الزناجية
الجونشية
الصومالية
الجالية
البدجية
الكوشيتية
الدنقلية
العفارية
السيدامية
العربية
اليمنية القديمة
الحبشية
الاكادية
الأشورية
الكنعانية
الآرامية
العبرية
الفينيقية

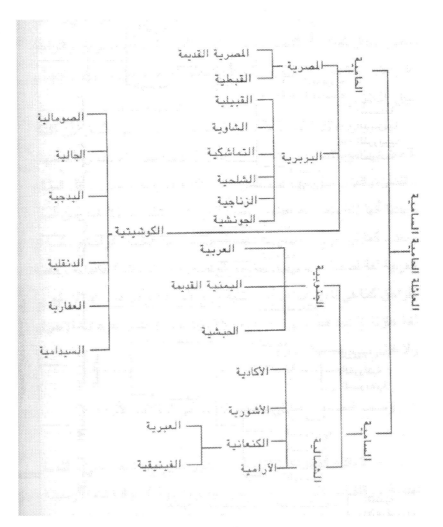

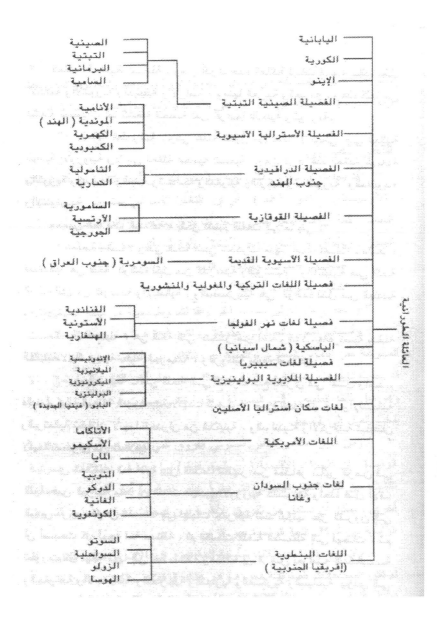

الصينية
التبتية
البرمانية
السامية

الآنامية
الموندية (الهند)
الكهيرية
الكمبودية

التامولية
الحارية

السامورية
الأرتسية
الجورجية

الفنلندية
الاستونية
الهنغارية

الإسبنية
الميلانيزية
الميكرونيزية
البولينيزية
الباب (غينيا الجديدة)

الآتاكاما
الأسكيمو
المايا

النوبية
الدوركو
الفائية
الكونغوية

السوتو
السواحلية
الزولو
الهوسا

اليابانية

الكورية

الإينو

الفصيلة الصينية التبتية

الفصيلة الاسترالية الآسيوية

الفصيلة الدرافيدية
جنوب الهند

الفصيلة القوقازية

الفصيلة الآسيوية القديمة السومرية (جنوب العراق)

فصيلة اللغات التركية والمغولية والمنشورية

فصيلة لغات نهر الفولغا

الباسكية (شمال اسبانيا)
فصيلة لغات سيبيريا
الفصيلة الملايوية البولينيزية

لغات سكان أستراليا الأصليين

اللغات الأمريكية

لغات جنوب السودان
وغانا

اللغات البنطوية
(إفريقيا الجنوبية)

أشجار اللغات

- 153 -

2- اللغات الحاميّة الساميّة. ومن أفراد هذه العائلة لغات قديمة بائدة مثل الأكادية والآشورية والفينيقية والآرامية. ومنها العربية والعبرية. وهذه كلها من الشعبة السامية. أما الشعبة الحامية فمن أفرادها القبطية والبربرية.

2- العائلة الطورانية. وهي عائلة تتكون من لغات لا تنتمي إلى العائلة الهندية والأوروبية ولا إلى العائلة الحامية السامية. ومن أفراد هذه العائلة اليابانية والكورية والصينية والتبتية والسيامية والمغولية والتركية والمنشورية والملايوية والإندونيسية. وضمن العلاقات السلالية، يمكن تقسيم اللغات إلى ما يلي:

1- لغة والدة: وهي اللغة التي انحدرت منها عدة لغات. مثلاً، الساسانية هي اللغة الوالدة لكل من الفارسية والبوشتية. واللاتينية هي اللغة الوالدة لكل من الفرنسية والإيطالية. والسنسكريتية هي الوالدة لكل من الهندية والأردية.

2- لغة سليلة: هي اللغة التي تنحدر من لغة والدة. فالفرنسية سليلة اللاتينية، والسويدية سليلة الجرمانية، والروسية سليلة السلافية.

3- لغة شقيقة: هي اللغة التي تشترك مع أخرى في أصل واحد. فالدنماركية شقيقة النرويجية لأنهما تنحدران من الجرمانية. والإسبانية والبرتغالية شقيقتان لأنهما تنحدران من اللاتينية. والبولندية والأكرانية شقيقتان لأنهما تنحدران من السلافية.

إن العلاقات السُلالية بين اللغات مظهر من مظاهر تأثير الزمن في اللغة. فمن المرجح مثلاً أن اللغات الهندية الأوروبية كانت لغة واحدة قبل آلاف السنين. وعبر الزمن انقسمت إلى لهجات جغرافية اشتد تباينها عبر القرون إلى أن أصبحت كل لهجة لغة مستقلة، ثم انقسمت اللغة المستقلة إلى لهجات، ثم تطورت كل لهجة منها إلى لغة مستقلة وهكذا. إن الزمن بعوامله السكانية والجغرافية والاجتماعية والتمازجية والتجارية والعسكرية والسياسية يؤدي إلى

تـأثيرات عديـدة متشـابكة في مجـال الأصـوات والصرـف والنحـو والمفـردات والمعـاني. وسنتحدث عن كل تغير في هذه المجالات فيما يتبع من هذا الفصل.

التغير الصوتي:

قد يحدث أن تطرأ على لغة ما تغـيرات في أصـواتها (أي الفـونيمات والألوفونـات). ونقول (قد)، أي إن التغير الصـوتي احـتمالي في بعـض اللغـات. كـما أن هـذا التغـير بطيء الحدوث إذ قد يستغرق آلاف السنين أو مئات السنين. ويتحقق هذا التغير بأحـد الأشكال الآتية أو بأكثر من شكل واحد.

1- استحداث أصوات جديدة في اللغة.

2- اختفاء أصوات من اللغة.

3- تحول صوت إلى صوت آخر وفقاً لشروط معينة في بيئته الصوتية.

وأسباب التغير الصـوتي عديـدة. ولكـن أبرزهـا هـو احتكـاك اللغـات المتنوعـة عـبر التماسّ التجاري والعسكري والثقافي بين الشـعور. هـذا الاحتكـاك قـد يحـدث تغيـيرات صوتية في اللغة. وهناك سبب هام آخر للتغير الصوتي، ألا وهو ميل اللغـة الطبيعـي إلى السهولة. فقد يختفي صوت أو يتحول إلى آخر بسبب الميل إلى التسهيل.

ومن أبرز مظاهر التغير الصوتي الفروق التي نراها بين لهجـات اللغـة الواحـدة. إن اللهجات الإقليمية (أي الجغرافية) بما بينها من اختلافات صوتية تكشف عن آثار التغـير الصوتي التي طرأ على لغة ما عبر الزمن. وبعبارة أخـرى، يمكـن أن نسـتدل مـن الفـروق الأفقية بين لهجات لغة ما على الفروق الرأسية بين أشكال اللغة الواحدة عبر الزمن.

ولا توجد لدينا تسجيلات صوتية للغـة تعـود إلى آلاف أو مئـات السـنين، إذ لم تكن المسجلات الصوتية معروفة في ذلك الوقت. ولكن سيكون متيسراً لعلماء اللغة بعد آلف سنة مثلاً (إذا استمّرت الحياة على ذلك الحين) أن يقارنوا

بين أصوات لغة ما سنة 1993م وبين أصواتها سنة 2993م وأن يقرروا إذا حدث تغير صوتي أم لم يحدث وما هو هذا التغير إن كان قد حدث.

التغير الصرفي:

قد تطرأ على اللغة تغيرات صرفية. مثال ذلك استخدام الإنجليزية القديمة للعديد من حركات الإعراب على أواخر الكلمات مثلما كان حال اللاتينية واليونانية القديمة والسنسكريتية. ولكن بمرور الزمن وعبر مئات السنين تساقطت حركات الإعراب وجاءت الإنجليزية الوسطى بحركات إ'راب قليلة. واستمر هذا التساقط حتى جاءت الإنجليزية الحديثة التي لا تستخدم هذه الحركات إلاّ في حالات محدودة لبعض المفردات.

وقد يظهر التغير الصرفي على شكل السماح باشتقاقات جديدة أو الإقلال أو الإكثار من اشتقاق ما. فقد شاع في العربية الآن استعمال وزن (فَعْلَلَة) في كلمات مثل خصخصة (أي التحويل إلى القطاع الخاص) وسَعْوَدة (أي جعله سعودياً) أو قَطْرنة (أي جعله قَطَرياً). وقد شاع في العربية الآن استعمال الاختصار الأوائلي ولم يكن معمولاً بهذا الاختصار في العربية قبل مئة عام مثلاً. فيقال الآن في العربية حلف الناتو، والناتو كلمة تجمع أوائل كلمات (أي منطقة معاهدة شمال الأطلسي). ويقال وفا (أي وكالة فلسطين للأنباء). وكان يقال جيم عين ميم (أي الجمهورية العربية المتحدة).

التغير النحوي:

قد تطرأ على اللغة تغيرات نحوية عبر القرون. ونشدد هنا على (قد)، وهذا يعني أن التغير إذا حدث فإنما يحدث ببطء شديد وعبر مئات السنين، شأنه

في ذلك شأن جميع أنواع التغير اللغوي، الصوتي والصرفي والمفرداتي والدلالي.

ومن المعروف أن أبرز عامل من عوامل النحو هو نظم الكلمات في الجملة، أي ترتيب المفردات داخل الجملة الواحدة. وإذا حدث تغير في نظم الكلمات، فإن مجال التغير هو درجة الحرية في تغيير مواقع الكلمات. ومن الجدير بالذكر أن مواقع الكلمات قد تؤثر في معنى الجملة في اللغات التي لا تستخدم حركات الإعراب على أواخر المفردات. ففي اللغة الإنجليزية مثلاً، هناك فرق بين

(1) The lion killed the man.

(2) The man killed the lion.

ففي الجملة (1) الأسد هو القاتل والرجل هو المقتول. ولكن في الجملة (2) الرجل هو القاتل والأسد هو المقتول. كل ذلك الفرق في المعنى حدث بسبب التغير في مواقع الكلمات.

ولكن في اللغة العربية حيث تظهر حركات الإعراب على أواخر الكلمات لا يؤثر تغيير الموقع على المعنى دائماً، إذ إن حركة الإعراب تبقى العامل الحاسم في تحديد المعنى. انظر إلى هاتين الجملتين:

(3) قتلَ الأسدَ الرجلُ.

(4) قتلَ الرجلُ الأسدَ.

رغم تغير المواقع بين (الأسد) و (الرجل)، إلاّ أن معنى الجملة (3) ومعنى الجملة (4) متطابقان. ذلك لأن كلمة (الرجلُ) احتفظت بحركة الرفع التي تدل على الفاعلية، وكلمة (الأسدَ) احتفظت بحركة النصب التي تدل على المفعولية.

ولكن في العربية العامية، لا تستخدم حركات الإعراب. والآن انظر إلى هاتين الجملتين في العربية العامية:

(5) قتل الرجلْ الأسدْ.

(6) قتل الأسدْ الرجلْ.

في الجملة (5) الرجل هو القاتل وفي جملة (6) الأسد هو القاتل. هنا يتحكم موقع الكلمة في المعنى بسبب غياب حركات الإعراب.

هناك ترابط قوي بين حركات الإعراب وحرية مواقع الكلمات في الجملة. كلما زاد استخدام حركات الإعراب في لغة ما، زادت حرية مواقع الكلمات في الجملة، لأن حركة الإعراب تحافظ على وظيفة الكلمة مهما تغير موقعها. وكلما قلّ استخدام حركات الإعراب في لغة ما، مالت الكلمات إلى الاحتفاظ بمواقع ثابتة في الجملة، لأن الموقع يصبح المحدد الرئيسي لوظيفة الكلمة في الجملة في غياب حركات الإعراب.

فإذا حدث أن لغة ما تخلت عن حركات الإعراب فإن هذا التغير سيؤدي إلى تغير في اتجاهات النحو في تلك اللغة. إن التخلي عن حركات الإعراب يؤدي إلى تقييد الكلمات في مواقع ثابتة في الجملة. وإذا حدث أن لغة ما تغيرت في اتجاه مزيد من حركات الإعراب فإن نظامها النحوي يتغير في اتجاه مزيد من حرية مواقع الكلمات.

ويظهر هذا جلياً في حال الإنجليزية القديمة التي كانت تستخدم حركات الإعراب وكان نظامها النحوي يسمح بمزيد من الحرية في مواقع الكلمات دون تغيير المعنى. ولكن الإنجليزية الحديثة التي لا تستخدم حركات الإعراب (بصفة عامة) تتشدد في مواقع الكلمات وخاصة فيما يتعلق بمواقع الفاعل والمفعول به.

كما يظهر هذا جلياً في حالتي العربية الفصيحة والعربية العامية. فالفصيحة تستخدم حركات الإعراب وفي الوقت ذاته تعطي الكلمات حرية أكثر في مواقعها في الجملة. ولكن العربية العامية لا تستخدم حركات الإعراب، ولذلك تضع قيوداً أشد على مواقع الكلمات.

التغير المفرداتي:

التغير المفرداتي الذي يطرأ على اللغة يختلف عما سواه من أنواع التغير السابقة في أمرين:

1- التغير المفرداتي يصيب اللغات جميعاً. فإن كان التغير الصوتي والتغير الصرفي والتغير النحوي تغيراً محتملاً، فإن التغير المفرداتي يكاد يكون حتمياً، فلا توجد لغة لا تتعرض للتغير المفرداتي.

2- التغير المفرداتي أسرع حدوثاً. إن التغيرات اللغوية الأخرى بطيئة الحدوث وقد لا يلاحظها سوى الباحثين والعلماء، ولكن التغير المفرداتي يحدث يومياً وشهرياً وسنوياً ويلاحظه معظم الناس. إن التغير الصوتي للغة ما يحدث بطيئاً عبر مئات السنين. ولكن التغير المفرداتي عملية تكاد تكون مستمرة وظاهرة للعيان.

ويتخذ التغير المفرداتي أشكالاً عديدة:

1- كلمات جديدة. إن كلمات مثل تدويل، تأميم، مجلس الأمن، الشرعية الدولية، النظام العالمي الجديد، تعويم العملة، تضخم مالي، قطاع عام، قطاع خاص، حكومة ائتلافية، وسواها من مئات المصطلحات هي من المستجدات المفرداتية التي نراها في العربية. والمثيل لها يظهر في معظم لغات العالم. ومنشأ هذا التغير هو تطور الخبرة البشرية فتظهر خبرات جديدة ومعان جديدة بحاجة إلى أدوات تعبير جديدة، الأمر الذي يؤدي إلى استحداث عبارات جديدة ومفردات جديدة.

2- هجران المفردات. بعض المفردات في لغة ما قد تتراجع في الاستعمال فتصبح نادرة الاستخدام أو مهجورة وتتحول إلى مفردة معجمية فقط، أي مفردة تذكرها المعاجم من باب التوثيق ولكن الناس لا يستخدمونها. وعلى سبيل المثال، من منّا يقول انظر إلى الهِزَبْر؟ والهِزَبْرُ هو الأسد، هكذا يقول

المعجم. ولا نَجد هذه الكلمة سوى في الشعر يستخدمها الشاعر لضرورة الوزن والقافية.

3- الاقتراض. كثيراً ما تقترض لغة من لغة أخرى كلمات تجري عليها بعض التعديلات الصوتية والصرفية أحياناً أو تقترضها دون تعديل. ومن أمثلة الاقتراض في العربية الكلمات سينما، فيديو، تلفون، تلفزيون، ساندويش، فاكس، تلكس. وبالطبع فإن المجامع اللغوية قد استحدثت مقابلات عربية لمعظم هذه الاقتراضات ولكن الاقتراضات ما تزال أشيع استخداماً من مقابلاتها العربية فالتلفون أشيع من الهاتف، والتلفزيون أشيع من الرائي، والسينما أشيع من الخيالة، والساندويش أشيع من الشطيرة.

التغير الدلالي:

إن الزمن بما فيه من أحداث يؤثر في اللغة، فقد تتغير صوتياً أو صرفياً أو مفرداتياً أو نحوياً أو دلالياً. ومن مجالات التغير الدلالي الذي يصيب مفردات اللغة من حيث المعنى ما يلي:

1- اتساع المعنى. بعض الكلمات تتغير دلالياً عن طريق اتساع معناها. مثال ذلك (الخميس)، فهي أصلاً صفة مشبهة على وزن فعيل من (خمس)، ثم اتسع معناها لتدل على (الجيش)، ثم اتسع معناها لتدل على يوم الخميس. ومثال آخر كلمة (طائرة)، فهي أصلاً مؤنث (طائر)، فاتسع معناها وصار يعني الطائرة المدنية أو العسكرية. وهناك كلمة (هاتف) فأصلها اسم فاعل من فعل (هَتَفَ) أي نادى، فصارت تعني جهاز التلفون المعروف. وهناك المئات بل الآلاف من الكلمات التي اتسع معناها ليعبر عن حاجات مستجدة.

2- ضيق المعنى. هناك كلمات يتغير معناها عن طريق انحسار في معناها فيضيق المعنى. وقد يحل معناها المجازي محل معناها الأصلي. مثال

ذلك كلمة (الجنـة)، فالجنـة أصـلاً مكـان تسـتر أشـجاره أرضـه فتخصـص المعنـى وصارت (الجنة) هي ما وعد الله بها الصالحين المؤمنين من عباده.

3- المعنى الاصطلاحي. كثير من الكلمات يتغير معناها بسـبب معنـى اصـطلاحي أعطيت له في أحد فروع المعرفة. فكلمة (زكـاة) تعنـي أصـلاً (طهـارة) فصـارت الكلمـة تعني (الزكاة) التي هي أحد أركان الإسلام الخمسـة. وكلمـة (الحـج) معناهـا (القَصْـد) فصارت الركن الخامس من أركان الإسلام. وكلمـة (الصَّرْف) في علـم الزراعـة لهـا معنـى يختلف عن كلمة (الصَّرْف) في علم اللغة. وكلمة (مادة) في الفيزياء تختلـف عـن كلمـة (مادة) في القانون. وكلمة (قوة) في الرياضيات تختلـف عـن كلمـة (قـوة) في الفيزيـاء. وهكذا فمعنى الكلمة يتغير من مجال إلى آخر.

أسئلة وتمارين

1. هناك أربع نظريات تتعلق بنشأة اللغة. كيف تقيِّم كل نظرية منها؟
2. هناك ثلاث طرق للتصنيف اللغـوي: الطريقـة الجغرافيـة، والطريقـة النوعيـة، والطريقة السلالية. ما هي مزايا وعيوب كل طريقة من هذه الطرق؟
3. ما هي مجالات التغير التي قد تصيب لغة ما؟
4. كيف يمكن أن تتغير لغة ما صرفيا؟ نحوياً؟ صوتياً؟ مفرداتياً؟ دلالياً؟
5. ما العلاقة بين حركات الإعراب وحرية مواقع الكلمات في الجملة؟ أعط أمثلة.
6. أي أنواع التغير أكثر ظهوراً وأسرع حدوثا: الصرفي، الصوتي النحوي، المفرداتي، أم الدلالي؟ ولماذا؟

7. لأي عائلة لغوية وشعبة لغوية تنتمي كل من اللغات الآتية: الإندونيسية، السواحلية، التامولية، القبطية، العربية، الفينيقية، الألمانية، الإنجليزية، اليونانية، التركية، الفارسية، الإسبانية؟

الفصل الثامن

اللغة والمجتمع

إن اللغة الواحدة لا يتكلمها الناطقون بها بطريقة واحدة. هناك عوامل جغرافية تحدث فروقاً في طريقة تكلم اللغة الواحدة، وهناك عوامل اجتماعية ثقافية. وهناك عوامل اقتصادية. وهناك عوامل الفروق بين الأفراد. وهناك عامل السِّن وعامل المهنة وعامل الجنس. إن اللغة تقع تحت تأثير عوامل متشابكة، ونتيجة لذلك تظهر لهجات عديدة للغة الواحدة. وفرع علم اللغة الذي يبحث في هذه الجوانب يدعى علم اللغة الاجتماعي.

اللهجات الجغرافية:

إن انتشار السكان على نطاق جغرافي واسع يزيد الفروق اللهجية فيما بينهم. كلما اتسعت المسافات بين أهل لغة ما، زاد عدد لهجات تلك اللغة وزادت الفروق بين تلك اللهجات. وتدعى اللهجات الناجمة من البعد المكاني لهجات جغرافية أو إقليمية.

وينشأ تأثير الإقليم على اللغة من تماسّ كل إقليم مع أقاليم مختلفة. فمثلاً سكان العراق يتماسُّون مع اللغة الفارسية واللغة الكردية واللغة التركية بحكم الجوار الجغرافي والسكاني. وبالمقابل، فإن سكان المغرف لا يتماسون مع الفارسية والكردية والتركية، إنهم يتماسون مع الإسبانية والفرنسية. اختلاف لغات التماس لكل إقليم هو أحد العوامل الرئيسية لاختلاف لهجات أقاليم اللغة الواحدة.

ومن العوامل المؤثرة في نشوء اللهجات الجغرافية ما يلي:

1- عامل الانعزال الجغرافي. إذ نشأ حاجز جغرافي بين إقليمين يتكلمان اللغة ذاتها، فإن الحاجز الجغرافي يوجد انعزالاً نسبياً إذ يُعيق الاتصال البشري أو يقلل منه، مما يؤدي إلى نشوء لهجات جغرافية ويزيد في التميُّز اللهجي. ومن أمثلة الحواجز الجغرافية البحار والصحاري والجبال الشاهقة.

2- عامل الانعزال السياسي، إذا نشأت حدود سياسية بين إقليمين يتكلمان اللغة ذاتها أو فرضت قيود انتقال على السكان عبر الحدود لحقبة زمنية طويلة، فإن تميزاً لهجياً قد ينشأ على جانبي الحدود.

واللهجات الجغرافية تظهر في شتى اللغات حتى ولو كان البلد ضيقاً. هناك لهجات ضمن اللغة الواحدة. في العربية مثلاً تكاد تكون هناك لهجة جغرافية لكل قطر عربي: اللهجة العراقية، اللهجة السورية، اللهجة المصرية، اللهجة الفلسطينية، اللهجة التونسية ... الخ. إضافة إلى ذلك هناك لهجات ضمن القطر الواحد أيضاً. بل إن لكل مدينة رئيسية في القطر الواحد لهجة تميزها عن سواها من المدن ويستطيع المرء ذو الخبرة أن يعرف قُطر المتكلم وأحياناً مدينته من لهجته.

اللهجات الاجتماعية:

هناك فروق بين الناس من حيث المستوى الاجتماعي اقتصادياً وثقافيا. إن العوامل الاقتصادية ومستوى ثقافة الفرد تؤثر في لهجته. ونستطيع إذا استمعت جيداً أن تميز بين رجل متعلم وآخر غير متعلم من خلال اللهجة. لهجة حاملي الشهادة الجامعية تختلف عن لهجة الأميّين. ولهجة علية القوم تختلف عن لهجة الناس العاديين. إن اللهجة تكشف عن المستوى الثقافي والاجتماعي لصاحبها.

اللهجات الفَردية:

لنفرض أن شخصين ينتميان إلى الإقليم ذاته، بل ويسكنان في الحيّ ذاته، بل هما أخوان يعيشان في بيت واحد. ولنفترض أنهما حاصلان على مستوى تعليمي واحد. مع ذلك، تبقى هناك فروق لهجية بينهما. كل واحد منهما يتكلم اللغة بطريقة خاصة تميزه عن أخيه وعن جاره وعن أصدقائه وزملائه. هناك لهجة فردية. كل واحد منا يتكلم العربية بطريقة خاصة به. إذا كان العرب مئتي مليون نسمة، فهناك مئتا مليون لهجة فردية. إذا سمعت شخصاً يتكلم دون أن تراه، فإنك قد تتعرف عليه من صوته. هذا يدل على تميز اللهجة الفردية وأن فيها من الخصائص الفيزيائية والأدائية ما يميزها عن سواها.

اللهجات العرقية:

إذا كانت هناك أقليات عرقية في مجتمع ما فإن الأقلية تتكلم اللغة السائدة بطريقة خاصة بها ناجمة عن تفاعل لغة الأقلية مع لغة الأكثرية. هذا التفاعل ينتج لهجة جديدة. فالسود في أمريكا لهم لهجة خاصة بهم تدعى "لهجة السود" أو إنجليزية السود. والهندي في أمريكا يتكلم الإنجليزية بلهجة يمكن أن ندعوها "الإنجليزية الهندية". والأتراك في ألمانيا يتكلمون الألمانية بلهجة خاصة تميزهم عن الألمان، ويمكن أن ندعو لهجتهم "الألمانية التركية".

اللهجات المِهنية:

لكل مهنة مصطلحات خاصة بها، ولكل مهنة هموم وشجون. فالمهندسون يستخدمون مصطلحات تختلف عن مصطلحات الأطباء، وعن

مصطلحات أهل الزراعة، وعن مصطلحات أهل القانون، وعن مصطلحات أهل المحاسبة. وقد لا يفهم الشخص العادي ما يدور حوله من كلام (حتى بلغته) بسبب اللهجة المهنية. وقد يتحادث الأطباء أمامك وعنك وأنت لا تدري ماذا يقررون بشأنك تإذا تقعروا في استخدام لهجتهم المهنية.

اللهجات العُمْرية:

لننظر كيف يتكلم طفل عمره ثلاث سنوات؟ ماذا يفعل بأصوات اللغة وصرفها ونحوها ومفرداتها ومعانيها؟ إن لهجة الطفل تنوعٌ متميز عن لهجة البالغين. والفروق واسعة بين اللهجتين. إنه الطفل في مرحلة تعلم اللغة كما يريدها الكبار له. يتصارع الطفل مع اللغة صوتاً وصرفاً ونحواً ومفردات تومعاني. وعبر محاولاته التعلمية القائمة على المحاكاة والتفكير معاً يؤدي الطفل اللغة بطريقة خاصة يمكن أن ندعوها لهجة الأطفال تمييزاً لهما عن لهجة البالغين.

اللهجات الجنسية:

هناك النساء وهناك الرجال. فهل أداء النساء للغة مثل أداء الرجال؟ هناك فروق في طريقة الأداء، الحركات المصاحبة للغة، درجة الصوت، بعض المفردات، بعض أصوات التعجب، بعض عبارات التعجب. هذه الفروق تجعل هناك "لهجة رجالية" "ولهجة نسائية" في كل لغة. فالرجل يتكلمون لغتهم بطريقة تميزهم عن النساء.

اللهجات الزمانية:

إذا نظرنا في لغة ما عبر آلاف السنين، فالمتوقع منطقياً ان تلك اللغة أُدِّيت بلهجات متنوعة عبر القرون المتتابعة. ومن الممكن أن بعض تلك اللهجات لم تعد موجودة حالياً، فهي لهجات بائدة. وبالطبع بعض لهجات تلك

اللغة ما زالت مستخدمة في الوقت الحاضر، فهي لهجات حية. ويصعب الخوض في اللهجات البائدة نظراً لعدم وجود تسجيلات صوتية لها، ولكن علم اللغة التاريخي يحاول تحديد تلك اللهجات.

اللهجات الريفية والمدينية:

في الإقليم الواحد ذي اللهجة الجغرافية الواحدة مدن عديدة وقرى عديدة. وفي كثير من الحالات، تتميز لهجة المدينة عن لهجة الريف. ويستطيع ذو الخبرة في لهجات لغة ما أن يميز الفروق بين لهجة سكان الريف ولهجة سكان المدينة في منطقة جغرافية واحدة. ويمكن أن يعزى هذا إلى سببين. الأول أن سكان المدن أكثر امتزاجاً واحتكاكاً مع أنماط متنوعة من الناس من سكان الريف بحكم كون المدينة مركزاً لمجموعة من القرى حولها. فتصبح المدينة بوتقة تفاعل لعدد كبير من الناس وما يحملون من ثقافات ولهجات. والثاني أن المستوى الثقافي لسكان المدن في الغالب أعلى قليلاً أو كثيراً من مثيله لدى سكان الريف. هذا العاملان معاً يساهمان في إحداث الفروق اللهجية بين اللهجة الريفية واللهجة المدينية.

اللهجات العامية:

لكل لغة لهجة عامية، بل لهجات عامية. والعامية هي اللهجة الدارجة، أي اللغة اليومية. وهي لغة التخاطب في السوق والبيت. هي لغة التخاطب غير الرسمي. وتستخدم هذه اللهجة الجمل القصيرة والكلمات الشائعة والتراكيب السهلة. وتقابلها اللهجة الفصيحة.

اللهجة الفصيحة:

اللهجة الفصيحة هي لغة الأدب والعلم. وهي لغة التعليم والمحاضرات في الجامعة. وهي خالية من الألفاظ العامية أو السوقية أو المبتذلة. كما تراعى

فيها الدقة في اختيار المفردات وأصول الصحة النحوية. وفي بعض اللغات، تكون الفروق كبيرة بين العامية والفصيحة وفي بعضها تكون الفروق ضئيلة.

الفروق بين اللهجات:

تظهر بين لهجة وأخرى للغة ذاتها عدة فروق في مجالات مختلفة:

1. الفروق الصوتية. قد تختلف اللهجات بعضها عن بعض في مجال الفونيمات. ومن المعروف أن فونيمات اللغة تنقسم إلى قسمين: فونيمات ثابتة لا تتغير من لهجة إلى أخرى مثل / م ، ب ، س / في اللغة العربية، وفونيمات متقلبة تتغير من لهجة إلى أخرى مثل / ق ، ث ، جـ ، ذ / في اللغة العربية. وعلى سبيل المثال / ق / العربية قد تنطق [ق] أو [ك] أو [ء]. / ث / قد تنطق [ث] أو [ت] أو [س]. / جـ / قد تنطق [جـ] أو [Ž] أو [ي] أو [g]. / ذ / قد تنطق [ذ] أو [د] أو [ز].

2. الفروق النحوية. قد تختلف اللهجات، لهجات اللغة الواحدة، في المجال النحوي. وتزداد هذه الاختلافات بين اللهجات العامية للغة الواحدة، كما تظهر بوضوح بين اللهجة العامية واللهجة الفصيحة في اللغة العربية.

3. الفروق المفرداتية. بعض اللهجات تستخدم كلمات لا تجدها مستعملة في لهجات أخرى. في الفصيحة نقول "ذَهَبَ" وفي العامية يقال "رَاح". في الفصيحة "طبيب" وفي العامية "دكتور". (حديقة) مقابل (جنينة). (جسر) مقابل (كوبري) في عامية مصر. (نادى) مقابل (عَيَّط) في عامية لبنان. (بكى) مقابل (عَيَّط) في عامية فلسطين. وهكذا هناك آلاف الأمثلة على الفروق المفرداتية بين لهجات اللغة الواحدة.

المحظورات اللغوية:

يفرض كل مجتمع على أفراده سلوكاً لغوياً معيناً، فهناك كلمات وعبارات محظورة في كل مجتمع، كلمات لا يليق بالمرء قولها. ذلك بأن اللغة سلوك لفظي كما أن الأفعال سلوك حركي. فكما أن بعض الأفعال محظورة مكروهة في مجتمع ما، كذلك بعض العبارات محظورة مكروهة. ولذلك يلجأ المرء إلى التحايل اللغوي عند الإشارة إلى هذه المحظورات عن طريق استخدام التورية والكناية.

أنماط اللغة:

إن صراع اللغات ودور اللغة في المجتمع وتغير هذا الدور حسب عوامل متشابكة وتأثير الغزوات والهجرات والحروب وتأثير الزمن والحاجات المتبدلة للناس تؤدي إلى وجود أنماط عديدة في اللغة:

1. اللغة الحية. وهي اللغة التي ما تزال تستعمل في الكلام اليومي العادي. وهي لغة لم تنقرض ولم ينقرض أهلها. كما أنها تستخدم في كل المناسبات، وليس في مناسبات دينية فقط.

2. اللغة البائدة. هي لغة كانت مستخدمة يوماً ما، ولكنها بادت مع اندثار أهلها، أو اندثرت لأن أهلها تحولوا إلى لغات أخرى. ومن أمثلة اللغات البائدة الفينيقية والآرامية والكنعانية والسنسكريتية والفرعونية. ويعرف العلماء هذه اللغات عن طريق الآثار والنقوش وبعض الكتابات القديمة.

3. اللغة نصف الحية. هي لغة لا تستعمل في الحياة اليومية العادية ولم تندثر اندثاراً كلياً، بل بقيت تستعمل على نطاق ضيق. مثال ذلك اللاتينية التي يقتصر استخدامها حالياً على بعض الشعائر الكنسية في بعض الحالات.

4. اللغة الأولى. هي أول لغة يسمعها الطفل في حياته. وهي في العادة لغة والديه يسمعها منهما في البيت ثم يبدأ بتعلمها عن طريق المحاكاة والتعزيز.

5. اللغة الثانية. هي اللغة التي يتعلمها المرء بعد لغته الأولى ويجدها مستخدمة خارج منزله. فالعربي قبل أن يهاجر إلى أمريكا مثلاً وقبل أن يعرف الإنجليزية تكون العربية لغته الأولى. وبعد أن يهاجر يتعلم الإنجليزية لغة ثانية.

6. اللغة الأجنبية. هي اللغة التي يتعلمها المرء بعد لغته الأولى وفي غير موطن اللغة الأجنبية. فالعربي الذي يتعلم الإنجليزية في البلاد العربية يتعلمها لغة أجنبية.

7. لغة التفكير. قد يعرف شخص ما عدة لغات بدرجات متفاوتة من الإتقان. ولكنه إذا جلس وحيداً يفكر تراه يفكر بإحدى اللغات التي يعرفها. وقد يحدث هذا نتيجة هيمنة لغة ما أو حسب طبيعة الموضوع الذي يفكر فيه أو حسب تأثره بثقافة ما ولغة ما.

8. لغة التعليم. نتيجة لظروف سياسية أو نتيجة لتراجع لغة لحساب لغة أخرى أو تحقيقاً لوحدة بين شعوب مختلفة، تفرض الدولة لغة تعليم موحدة على عدة شعوب. كانت الفرنسية لغة التعليم في الجزائر في أثناء الاحتلال الفرنسي رغم أن الفرنسية كانت لغة أجنبية هناك. وكانت الروسية لغة التعليم في جمهوريات الاتحاد السوفييتي السابق. وقد يتم التعليم بلغتين، ويدعى حينئذ التعليم ثنائي اللغة.

9. اللغة المشتركة. في كثير من البلدان الشاسعة توجد في العادة عدة أقليات وعدة شعوب لكل منها لغته الخاصة. ولكن الإرادة السياسية وحاجات التفاهم تفرض وجود لغة مشتركة يتم بها التخاطب اليومي والتوجيه. ففي الولايات المتحدة الأمريكية مئات الأقليات ولكن الإنجليزية هي لغتها المشتركة. وفي الاتحاد السوفياتي السابق وضع مماثل للغة الروسية. وفي البلاد العربية تسكن أقليات عديدة ولكن العربية هي اللغة المشتركة للجميع.

10. اللغة الرسمية. في بعض البلدان التي تكثر فيها اللغات المحلية تضطر الحكومة إلى اختيار لغة من بين اللغات المحلية أو من خارجها لتكون اللغة الرسمية للدولة، أي لغة دواوين الحكومة ووزاراتها ووثائقها وسجلاتها ومراسلاتها. في بعض الحالات، يكون القرار اختيار أشيع لغة محلية وجعلها اللغة الرسمية، كما فعلت تنزانيا حين اختارت السواحلية والفلبين حين اختارت الفلبينية وماليزيا حين اختارت الملاوية. ولكن بعض الدول تقرر اختيار لغة رسمية من خارج بلادها منعاً لاحتجاج أهل اللغات المحلية. وهذا ما فعلته سيراليون وزامبيا وغانا حين اختارت كل منها الإنجليزية لغة رسمية. أما تشاد والغابون والسنغال فقد جعلت الفرنسية لغتها الرسمية.

11. اللغة النقية واللغة المولَّدة. بعض اللغات قليلة الاعتماد على سواها في بنائها المفرداتي. ولكن بالطبع لا توجد لغة نقية نقاءً تاماً، إذ لا بد من بعض الاقتراضات اللغوية. لكن هناك لغات تعتمد في بنائها المفرداتي اعتماداً كبيراً على سواها، فهذه تدعى لغات مولدة أو هجين. ومن أمثلة اللغات النقية العربية. ومن أمثلة اللغات المولدة الإنجليزية التي هي خليط من الإنجليزية الوسطى والفرنسية واللاتينية، والأردية التي هي خليط من الهندية والفارسية والعربية.

12. اللغة المحلية واللغة العالمية. هناك لغات غير معروفة إلاّ داخل حدود شعبها؛ ندعوها لغات محلية. مثال ذلك الألبانية إذ هي غير معروفة خارج ألبانيا؛ وكذلك الرومانية. ولكن هناك لغات مستخدمة خارج حدود أهلها. مثال ذلك الإنجليزية والفرنسية والروسية والعربية. هناك الملايين من الناس يعرفون الفرنسية خارج فرنسا، ولهذا فالفرنسية لغة عالمية. وبالطبع عالمية اللغة مرتبطة بالقوة السياسية أو الاقتصادية أو العسكرية أو الدينية لأهلها. فحيثما يكون العَلَم تكون اللغة، كما يقال. أما العربية فسبب انتشارها حالياً يختلف عن سبب انتشار اللغات الثلاث الأخرى. العربية منتشرة في البلاد الإسلامية

لأنها لغة القرآن الكريم والسنة الشريفة. أما الإنجليزية مثلاً فهي منتشرة خارج بريطانيا وأمريكا بسبب القوة العسكرية والسياسية والاقتصادية السابقة والحالية لكل من بريطانيا وأمريكا.

13. اللغة الحالية واللغة المزاحة. بسبب عوامل الغزو العسكري والاحتلال والاستيطان نرى أن لغة قد تحل محل أخرى بالتدريج فيتضاءل استعمال لغة لحساب لغة أخرى. وتسمى اللغة المنتصرة اللغة الحالية وتسمى اللغة المهزومة اللغة المزاحة. وينطبق هذا الوصف على الإنجليزية التي حلت محل لغات الهنود الحمر في أمريكا، وعلى الإسبانية التي حلت محل العديد من لغات أمريكا الوسطى وأمريكا الجنوبية، وعلى العربية التي حلت محل اللغات القديمة في بلاد الشام والعراق وشمال إفريقيا منذ الفتح الإسلامي.

أدوار المتحادثين:

عندما يتحدث شخص إلى آخر فإن هناك عاملاً رئيسياً يتحكم في نوعية التحادث. ذلك العامل هو العلاقة بين المتخاطبين أو المتحادثين. ومن هذه العلاقات علاقة الأب بابنه، علاقة المرء بزوجته، علاقته بوالديه، علاقته برئيسه، علاقته بطلابه، علاقته بزملائه، علاقته بأصدقائه، علاقته بمرؤوسه.

إن حديثك مع صديقك يختلف عن حديثك مع رئيسك ويختلف عن حديثك مع والديك ويختلف عن حديثك مع مرؤوسيك، ويختلف عن حديثك مع ابنك، ويختلف عن حديثك مع زوجتك.

كيف تؤثر العلاقة بين المتحادثين (أي أدوارهما) على لغة الحديث والموقف التحادثي؟ هناك عدة تأثيرات منها:

1. الموضوع. إن موضوع المحادثة يتأثر تأثراً بالغاً بنوع العلاقة بين المتحادثين. هناك موضوعات خاصة لا يمكن أن يبحثها المرء مع طلابه، ولكنه

قد يبحثها مع صديقه مثلاً. هناك موضوعات تبحثها مع رئيسك ولكنك لا تبحثها مع والدتك. وهناك موضوعات قد تبحثها مع زوجتك ولكنك لا تبحثها مع ابنك وهكذا. إن طبيعة العلاقة تحدد موضوعات المحادثة.

2. علو الصوت. إن نوع العلاقة يتدخل في تحديد علو الصوت. فهناك درجة من الصوت لا تصلح مع رئيسك أو والدك ولكنها قد تصلح مع صديقك الحميم أو مع ابنك.

3. مسافة التخاطب. كلما زادت رسمية العلاقة زادت مسافة التخاطب. وكلما قلت رسمية العلاقة قلت مسافة التخاطب. مسافة تخاطبك مع زوجتك أو ابنك هي الأدنى. ولكن مسافة تخاطبك مع رئيسك قد تكون هي الأعلى. مسافة تخاطبك مع زميلك أطول من مسافة تخاطبك مع صديقك. وعندما تخاطب حشداً من الناس في محاضرة تصبح المسافة أكثر طولاً. وتختلف مسافات التخاطب بين الشعوب، فهناك شعوب تميل إلى إطالة مسافات التخاطب وهناك شعوب تميل إلى تقصيرها.

تفاعل اللغات:

عندما تتفاعل لغتانت لدى شخص واحد ففي كثير من الأحيان تتداخل اللغتان فتؤثر إحداهما في الأخرى تأثيراً يتباين من شخص لآخر. تتدخل أصوات ل1 (اللغة الأولى) في أصوات اللغة الثانية (ل2). ويتدخل صرف ل1 في صرف ل2. ويتدخل نحو ل 1 في نحو ل2. وتتدخل مفردات ل1 في مفردات ل2. وتتدخل معاني ل1 في معاني ل2. كما أن ل2 تتدخل في ل1 في جميع المجالات. وهكذا يحصل تدخل متبادل، أي تداخل. والتداخل يحدث في عقل المتكلم ويظهر في أدائه اللغوي. وعندما تتداخل ل1 و ل2 في عقول ملايين المتكلمين فإن لغة ثالثة تكون على وشك الظهور.

لنفترض أن شعبين لكل منهما لغة خاصة امتزجا معاً وتساكنا وتعايشا وانخرطا في بوتقة الحياة اليومية. سيبدأ كل فرد في الشعبين تعلم لغة الشعب الآخر. وسيبدأ التدخل والتداخل. وبالنتيجة قد نجد أن لغة ثالثة صارت على وشك الظهور، لغلة تختلف عن ل1 وعن ل2. إنها ل3. وهكذا نرى أن اللغة معرضة للتأثر والتأثير في لغات أخرى تحتك بها. فكما أن الاختلاط بين الشعوب يؤثر في ملابسهم ومأكولاتهم وعاداتهم فإن هذا الاختلاط يؤثر في لغاتهم أيضاً. والعامل الهام هنا هو مدة الاختلاط وحجمه. فاللغة لا تتأثر بشكل ملموس إلاّ إذا احتكت بلغة أخرى مدة طويلة وعلى نطاق واسع، أي أن يشترك في الاحتكاك اللغوي عدد كبير من الناس.

وقد تكون لغة ما أكثر استعداداً للتأثير ولغة أخرى أكثر استعداداً للتأثر. هناك عوامل أخرى تجعل لغة أ مؤثرة أكثر منها متأثرة وتجعل لغة ب متأثرة أكثر منها مؤثرة، مثل عامل انتشار اللغة وعامل قوة أهلها وعامل الحاجة التجارية إليها.

وما ينطبق على تفاعل اللغات ينطبق على تفاعل اللهجات. فعندما تتجاوز لهجتان للغة واحدة تتفاعل اللهجتان وتؤثر كل منهما في الأخرى وتكون النتيجة لهذا التفاعل ظهور لهجة ثالثة. مثال ذلك ما يحدث على المناطق الحدودية بين اللهجات، فاللهجة السورية المحاذية للعراق تختلف عن اللهجة السورية البعيدة عن الحدود العراقية. والمقصود بتجاور اللهجات ليس التجاور على الخريطة، بل احتكاك الناس على جانبي الحدود. فقد يكون هناك تجاور خريطي دون احتكاك حقيقي بسبب عوائق طبيعية أو سياسية.

الثنائية اللغوية والمجتمع:

في بعض المجتمعات، يعرف معظم الأفراد لغتين ويستخدمونهما في حياتهم اليومية. فيقال إن هذا المجتمع ذو ثنائية لغوية. وإذا استخدم المجتمع أكثر من لغتين، يقال إنه ذو تعددية لغوية. وإذا كان محور التركيز على أثر

الثنائية في المجتمع تدعى الثنائية ثنائية مجتمعية تمييزاً لها عن الثنائية الفردية المتعلقة بتأثير الثنائية على الفرد.

وعندما ندرس الثنائية المجتمعية فإننا ندرس صراع اللغات وتفاعلاتها وتأثيرات هذه الثنائية على المجتمع سياسياً وسكانياً واجتماعياً. لا بد من دراسة اللغة المهيمنة ولغة الأكثرية ولغة الأقلية وكيف أن هذه العلاقات هامة لاتخاذ قرارات بشأن سياسة التعليم ولغة التعليم واختيار اللغة الرسمية ولغة الإعلام.

والثنائية المجتمعية لا تعني أن كل فرد في المجتمع ثنائي اللغة. بل تعني أن معظم أفراد ذلك المجتمع ثنائيو اللغة كي يتمكنوا من التفاهم في حياتهم اليومية. والثنائية المجتمعية ثلاثة أنماط:

1. ثنائية أفقية: أن تكون اللغتان متساويتين في المكانة رسمياً وثقافياً واجتماعياً. مثال ذلك الإنجليزية والفرنسية في مقاطعة كويبك في كندا.
2. ثنائية رأسية: أن تكون لهجة فصيحة وأخرى عامية. مثال ذلك الفصيحة والعامية في البلاد العربية. وهذه الحالة في الواقع ثنائية لهجية. ويدعوها البعض ازدواجية لغوية.
3. ثنائية قُطْرية: أن يستخدم المجتمع لغة فصيحة ولهجة عامية من لغة أخرى. مثال ذلك الإنجليزية والفرنسية العامية في لويزيانا في الولايات المتحدة الأمريكية.

الثنائية اللغوية وتوزيع الاستعمال:

في بعض الحالات يستخدم الناس اللغتين تبادلياً، أي من الممكن أن يستخدم المرء ل1 أو ل2 في أي مكان وزمان. وتدعى هذه الثنائية ثنائية تبادلية. ولكن في بعض الحالات، نجد أن الفرد يستخدم اللغتين تكاملياً، أي

يخصص لكل لغة أدواراً معينة. وتدعى هذه الحالة ثنائية تكاملية. ومن أمثلة الثنائية التكاملية ما يلي:

1. تكاملية مكانية. يقوم الفرد باستخدام ل1 في البيت و ل2 خارجة، أو يستخدم ل1 في العمل و ل2 خارجه، أو يستخدم ل1 في المدرسة و ل2 خارجها. ويحدث هذا غالباً مع الأقليات، إذ يميل الفرد إلى أن يستخدم ل1 في البيت و ل2 خارجه حيث تكون ل1 لغة الأقلية و ل2 لغة الأكثرية.

2. تكاملية موضوعية. يقوم الفرد باستخدام ل1 في الحديث عن موضوعات معينة و ل2 مع موضوعات أخرى. مثلاً إذا تحدث عـن الأمـور اليومية استخدم ل1، وإذا تحدث عن أمور علمية استخدم ل2. إذا تحدث عن الأدب والفـن اسـتخدم ل1، وإذا تحدث عـن الإحصاء وعلـوم الفضاء استخدم ل2. إذا تحدث عـن يوميـات الحيـاة، يستخدم العامية، وإذا تحدث عن العلوم يستخدم الفصيحة (كما يحدث في حالة اللغـة العربية).

3. تكاملية بشرية. يقوم الفرد هنا باستخدام ل1 مع عدد معين مـن النـاس و ل2 مع سواهم، كأن يستخدم ل1 مع أهل بيته و ل2 مع سواهم.

وفي بعض الحالات، لا تكون الثنائية تكاملية، بل تبادلية كما أوضحنا سابقاً. وفي الواقع، هناك أنواع عديدة من الثنائية:

1. ثنائية منزلية. هنا تستخدم الأسرة لغتين. قد يستخدم كل فـرد في الأسرة ل1 و ل2 أو يستخدم بعضهم ل1 وبعضهم ل2. ويدخل عامل السـن هنا فيميـل الكبار إلى استخدام ل1 (لغتهم الأولى) ويميل الصغار إلى استخدام ل2 ليتأقلموا مع لغة الأكثرية.

2. ثنائية مدرسية أو تعليمية. بعض المدارس، لأسباب مختلفة، تستخدم لغتين في التعليم. فقد تختار المدرسة أن تعلم بعض الموضوعات باستخدام ل1 وبعضها باستخدام ل2. أو تقسم اليوم المدرسي إلى نصفين: نصف لاستخدام

ل1 ونصف لاستخدام ل2. أو تقسم أيام الأسبوع إلى قسمين: قسم مع ل1 وقسم مع ل2.

3. ثنائية إعلامية. لإرضاء الأقليات جميعاً، بعض المجتمعات تجعل جميع وسائل الإعلام بلغتين. هناك صحف تصدر باللغة 1 وصحف باللغة 2. وهناك برامج إذاعية باللغة 1 وبرامج باللغة 2، أو قناة لهذه وقناة لتلك.

4. ثنائية رسمية. لإرضاء جميع الأقليات ومنعاً للصراعات اللغوية والمجتمعية، بعض الدول تعترف بلغتين رسميتين في الأجهزة الحكومية. تصدر جميع النشرات الرسمية باللغتين وكذلك تحفظ جميع الوثائق والسجلات الرسمية باللغتين. وبالطبع إن الثنائية الرسمية ستؤدي في الغالب إلى ثنائية إعلامية وثنائية تعليمية.

5. ثنائية عملية. بسبب وجود خليط من العمال في مكان العمل، فقد يصبح المكان ذا ثنائية عملية. يتحدث العمال أو الموظفون، كلهم أو معظمهم، بلغتين. وفي هذه الحالة، يختار الموظفون إحدى اللغتين لتكون لغة مشتركة بينهم. وهم في العادة يختارون اللغة الأكثر مرموقية أو الأكثر اتصالاً بطبيعة عملهم وعلاقاتهم الرسمية والتجارية والمهنية.

6. ثنائية شارعية. تسمع الناس يستخدمون ل1 و ل2 في الشارع والمقاهي والحوانيت والنوادي.

وما ينطبق على الثنائية من تصنيفات ينطبق على التعددية اللغوية. ففي بعض المجتمعات هناك أكثر من لغتين في الاستخدام، أي يكون المجتمع متعدد اللغات أو ذا تعددية لغوية.

الثنائية اللغوية والصراع الثقافي:

في بعض الحالات، ينشأ مع الثنائية اللغوية ثنائية ثقافية، حيث إن اللغة ترتبط بالفكر والثقافة والقيم والعادات. ونقول (في بعض الحالات) وليس في جميع الحالات. أحياناً يكون اختلاف الثقافتين قليلاً رغم اختلاف اللغتين. مثال

ذلك الفرنسية والإنجليزية، إذ رغم وجود لغتين لكن الثقافتين متقاربتان من حيث القيم.

في المجتمع الواحد، لا بد من أن تقوم الدولة باتخاذ قرارات معينة لاحتواء الثنائية الثقافية الناجمة من الثنائية اللغوية. بعض الدول تقرّ التعددية الثقافية كما تقر التعددية اللغوية في إطار التسامح الثقافي والتسامح اللغوي. ولكن بعض الدول تصر على الأحادية الثقافية والأحادية اللغوية لاعتقادها أن التعددية أو الثنائية تهدد وحدة البلاد ووحدة العباد وقد تؤدي إلى محاولات انفصالية.

اتجاهات الثنائية اللغوية المجتمعية:

أحياناً، نجد أقلية تعرف حجمها ودورها المحدود تماماً. ولذلك نرى أفرادها يستخدمون ل1 و ل2، حيث إن ل2 هي لغة الأكثرية. أما الأكثرية فقد لا تهتم بلغة الأقلية لأنها لا تحتاج إليها. هنا تكون الثنائية باتجاه واحد فقط: أقلية تعرف ل1 و ل2 وأكثرية تعرف ل2 فقط. هذه تدعى ثنائية باتجاه واحد. مثال ذلك أفراد الأقلية الفيتنامية في الولايات المتحدة الأمريكية، حيث يعرفون الفيتنامية والإنجليزية في حين أن الأكثرية تعرف الإنجليزية ولا تعرف الفيتنامية.

في حالات أخرى، نجد مجتمعاً فيه جماعتان، لكل جماعة لغة أصلية. ولكن قد تتساوى الجماعتان في المكانة والعدد، فترى كل جماعة أن من مصلحتها التسامح اللغوي والثقافي والتعايش السلمي. فتعرف الجماعة الأولى ل2 إضافة إلى ل1 وتعرفل الجماعة الثانية ل1 إضافة إلى ل2. هذه حالة تدعى ثنائية باتجاهين.

ومن ناحية استقرار الثنائية اللغوية في بلد ما، قد يكون هناك مجتمع يحترم الثنائية اللغوية ويحفظ لكل فئة حقوقها اللغوية والثقافية عن طريق الثنائية اللغوية الرسمية والإعلامية والتعليمية في ظل استقرار اجتماعي سياسي إداري.

هذه حالة تدعى الثنائية المستقرة، حيث تختار كل أسرة وكل فرد لنفسه وضعاً لغوياً يناسبه. فيستقر عدد مستخدمي ل1 وعدد مستخدمي ل2 وعدد مستخدمي ل1 و ل2 معاً.

في حالات أخرى، قد لا يستقر وضع الثنائية اللغوية. قد تزيد الدولة إجراءات التسامح اللغوي أو يزيد عدد المهاجرين إلى بلد ما أو تسمح الدولة بمزيد من ثنائية التعليم أو تسمح بمزيد من اللغات الأجنبية في المدارس أو تَتبنَّى سياسة انفتاحية بشأن لغات الإعلام أو اللغات الرسمية. هنا يشهد ذلك المجتمع عدم استقرار في ثنائيته اللغوية. ندعو تلك الحالة ثنائية غير مستقرة. وهذه الحالة بالذات ندعوها ثنائية متزايدة، لأن الإجراءات الرسمية تشجع المزيد من الثنائية اللغوية.

من ناحية مقابلة، قد تتخذ الثنائية غير المستقرة وضعاً معاكساً للثنائية المتزايدة. من الممكن أن ندعوه ثنائية متناقصة. في هذه الحالة، تتجه إجراءات الدولة ضد الثنائية من أجل مزيد من الأحادية اللغوية. قد يقل هنا التسامح اللغوي إذ تحد الدولة من الثنائية وتبدأ في إدخال تشريعات باتجاه الأحادية. أو قد يزداد عدد أفراد الأكثرية ازدياداً كبيراً يقلل من أهمية الأقلية وبالتالي يقل وزنها اللغوي والسياسي. أو قد تزدري الأكثرية لغة الأقلية مما يؤدي إلى تغير الموازين اللغوية في بلد ما. أو قد تنحسر لغة ما بسبب عدم الحاجة إليها لحساب لغة أخرى. أو قد تتعمد أقلية ما تناسي لغتها الأصلية لتسهيل انصهارها في البوتقة الجديدة.

وفي بعض الحالات، مثل حالات المهاجرين على نحو خاص، تنشأ ثنائية انتقالية. يأتي المهاجرون إلى بلد جديد ومعهم ل1. يتعلمون ل2 (لغة البلد الجديد) ليعيشوا ويتفاهموا مع أهل البلد الجديد. هذا الجيل المهاجر يعرف ل1 ويتعلم ل2 ويُعَلِّم ل1 و ل2 للأبناء (الجيل الثاني). الجيل الثاني يُعَلِّم ل1 و ل2 للجيل الثالث مع تركيز أقل على ل1 وتركيز أكثر على ل2. الجيل الثالث

يواصل التركيز على ل2 والتقليل من شأن ل1. وهكذا مع كل جيل قادم، يتزايد الاهتمام باللغة 2 ويتناقص الاهتمام باللغة 1 حتى يأتي يوم تندثر فيه ل1 أو تكاد وتصبح تاريخاً يروى بعد نحو قرنين من الزمان. هكذا كان حال المهاجرين إلى أمريكا: جاء كل منهم إلى أمريكا ومعه ل1 فكانت أمريكا في بادئ الأمر خليطاً من كل اللغات. ولكن بالتدريج انحسرت اللغات المختلفة لصالح اللغة المشتركة (الإنجليزية). وبعد عدة أجيال، لم يعد اليوناني يعرف لغة أجداده ولا الإيطالي يعرف الإيطالية ولا الألماني يعرف الألمانية، صاروا كلهم يعرفون الإنجليزية لغة مشتركة لهم.

الاختيار اللغوي:

في بلد تسوده الثنائية اللغوية ويعرف معظم أفراده أكثر من لغة واحدة، تنشأ مشكلة الاختيار اللغوي: أية لغة يتكلم بها الفرد في موقف ما عندما يعرف لغتين؟ وكيف يتم الاختيار وما هي العوامل المؤثرة فيه؟ هناك عدة عوامل تتحكم في عملية الاختيار منها:

1. قدرة المتكلم. عادة يختار المرء اللغة التي يتقنها أفضل.

2. قدرة المستمع. في العادة يميل المتكلم إلى اختيار اللغة التي يفهمها المستمع على نحو أفضل وخاصة إذا كان المتكلم يتقن ل1 و ل2 بالمستوى ذاته تقريباً.

3. العمر. يميل كبار السن من المهاجرين إلى استخدام ل1 اعتزازاً منهم بأصلهم وبلدهم ولغتهم. ويميل الصغار إلى استخدام ل2 إظهاراً لانتمائهم إلى الوطن الجديد.

4. المكانة الاجتماعية. في بعض الحالات يختار الفرد أن يتكلم بلغة ما (رغم أنه يعرف لغتين) لأن تلك اللغة تدل على مستوى اجتماعي مرموق. على

سبيل المثال، في بعض البلدان التي كانت مستعمرات فرنسية، يميل بعض الأفراد إلى استخدام الفرنسية للدلالة على أنهم من الطبقة الأرستقراطية.

5. درجة العلاقة. قد يتكلم شخصان بلغة ما في اللقاء الأول. وعندما يتوطد الصداقة بينهما يستخدمان لغة أخرى.

6. العلاقة العرقية. قد يتكلم أفراد الأقلية ل1 فيما بينهم ويتكلمون ل2 خارج الأقلية.

7. الضغط الخارجي. إذا كانت لغة ما مكروهة في مجتمع ما لسبب من الأسباب، فإن أهل هذه اللغة يستخدمونها داخل بيوتهم فقط وعلى نحو شبه سري.

8. المكان. أحياناً يتم الاختيار اللغوي على أساس التوزيع التكاملي: ل1 في البيت و ل2 خارجه مثلاً أو على أي نحو تكاملي آخر.

التحول اللغوي:

بعد أن يختار المتكلم لغة ليتحدث بها من بين اللغات التي يعرفها قد يحدث تحول لغوي، أي يتحول المتكلم إلى لغة أخرى غير التي بدأ بها محادثته، ثم قد يعود إلى اللغة التي بدأ بها أو لا يعود.

وللتحول اللغوي أسباب عديدة منها:

1. إبراز المهارة. قد يتحول المتكلم إلى لغة أخرى ليرى سامعيه مدى مهارته اللغوية وأنه يتقن أكثر من لغة واحدة.

2. الحاجة. قد لا يستطيع أن يعبر عن مفهوم ما باللغة س فيتحول إلى اللغة ص اضطرارياً.

3. الاقتباس: قد يتحول المتكلم إلى لغة أخرى من أجل اقتباس مثل أو حكمة من لغة أخرى. فيقتبس ثم يعود إلى لغة البداية.

4. تحديد المخاطب. قد يتحول المتكلم إلى لغة أخرى ليخص فرداً أون جماعة مـن سامعيه للتأثير فيهم.

5. الانتماء. قد يتم التحول إلى لغة أخرى ليلفت المتكلم انتباه السامع إلى العلاقة الخاصة بينهما إذ ينتميان إلى أقلية واحدة ويشتركان في لغة واحدة.

6. تغيير نغمة التخاطب. قد تعني اللغة س المرح والفكاهة فيتحول المتكلم إليهـا معلناً أنه الآن يمزح. وقد تعني اللغة ص الجد والرسمية فيتحول المتكلم إليها معلناً أن وقت المزاح قد انتهى.

7. السرية. قـد يتحـادث شخصـان باللغـة س ويـدخل ثالـث فيتحـدث الأول مـع الثالث باللغة ص التي لا يعرفها الثاني. هنا تحول بغرض المحافظة على السرية.

والتحول اللغوي ظاهرة لغوية طريقة تستحق دراسـات موسـعة، ولكـن لا مجال للتوسع فيها هنا. وللتحول قوانين يمكن تتبعها واستنباطها، إذ لا يقع التحـول اعتباطيـاً، بل له مواقعه. وقد يكون التحول داخل حدود الجملـة أو يكون خـارج هـذه الحـدود. وبذلك يكون التحول داخلياً أو خارجياً. كما أن ما ينطبق على التحول من لغة إلى أخرى (التحول اللغوي) ينطبـق عـلى التحـول مـن لهجـة إلى أخرى (التحـول اللهجـي). فـنرى البعض يتحـول من لهجة إلى لهجة في أثناء الكلام. وقد يكون التحول اللهجـي مـن لهجـة جغرافية إلى أخرى أو من لهجة فصيحة إلى لهجة عامية أو بـالعكس. وللتحـول اللهجـي أحكام وقوانين ودوافع كما هو شأن التحول اللغوي.

أسئلة وتمارين

1. ما هي اللهجات الجغرافية المميزة في اللغة العربية؟ في اللغة الإنجليزية؟

2. ما العوامل التي تزيد من الفروق بين اللهجات الجغرافية؟

3. اللهجات في أية لغة أنواع عديددة. ما هو النوع الأكثر عدداً؟ ولماذا؟

4. اذكر أبرز الفروق بين لهجة الأطفال ولهجة البالغين في اللغة العربية.

5. اذكر أبرز الفروق بين لهجة الرجال ولهجة النساء.

6. ما أهم الفروق بين لهجة الريف ولهجة المدينة في اللغة العربية بشكل عام؟

7. ما أهم الفروق بين اللهجة العامية واللهجة الفصيحة في العربية؟

8. ما الفرق بين مصطلح (لغة) ومصطلح (لهجة)؟

9. خذ منطقتين في بلدك وبين الفروق اللهجية بينهما.

10. أعط عشرين مثالاً تبين الفروق المفرداتية بين العامية والفصيحة في العربية.

11. ما الحكمة وراء المحظورات اللغوية؟

12. ما الفرق بين المصطلحات الآتية: لغة أولى، لغة ثانية، لغة أجنبية، لغة التفكير؟

13. إذا تعددت اللغات في بلد ما، فكيف تحل الدولة مشكلة تحديد اللغة الرسمية؟

14. هل هناك لغة نقية نقاءً تاماً؟ ولماذا؟

15. كيف تؤثر العلاقة بين المتحادثين على المحادثة ذاتها؟

16. راقب مسافات التخاطب بين الناس وبيِّن كيف تتغير حسب علاقات المتخاطبين. اكتب معدلات هذه المسافات بالأمتار حسب ملاحظاتك الشخصية.

17. ما هي العوامل التي تؤدي إلى تفاعل اللغات معاً؟ وما هي نتائج هذا التفاعل؟

18. كيف يمكن تنفيذ برنامج مدرسي ثنائي اللغة؟ إعلام ثنائي اللغة؟ تلفزيون ثنائي اللغة؟

19. ما مدلول هذه المصطلحات: ثنائية لغوية رسمية، ثنائية لغوية مستقرة، ثنائية لغوية متزايدة، ثنائية لغوية فردية، ثنائية لغوية مجتمعية، ثنائية لغوية باتجاه واحد، ثنائية انتقالية؟

20. نلاحظ أن بعض الأفراد في المجتمعات العربية يتحول في كلامه من العربية إلى لغة أجنبية أخرى. ما هي أسباب هذا التحول حسب ملاحظاتك وخبرتك؟

الفصل التاسع

الكتابة

قيل إن الكتابة شكل من أشكال اللغة وإن الكلام شكل آخر. وكان علماء اللغة في الماضي يقبلون هذه المقولة. ولكن العلماء المحدثين لا يقبلونها، إذ إن اللغة أساساً هي الكلام، أما الكتابة فهي تمثيل ثانوي جزئي للكلام. إن الكتابة العادية لا تمثل الكلام تماماً للأسباب الآتية:

1. الكلام يبين درجة علو صوت المتكلم، ولكن الكتابة لا تبين ذلك.

2. الكلام يبين الحالة الانفعالية للمتكلم، حزنه أو فرحه أو غضبه أو عتابه أو ألمه، ولكن الكتابة لا تبين ذلك باستثناء ما يظهر في معاني الكلمات والتي هي عنصر ـ مشترك بين الكلام والكتابة.

3. مع الكلام تظهر على وجه المتكلم الملامح المعبرة؛ ولكن الكتابة لا تتاح لها هذه الميزة.

4. مع الكلام تصدر من المتكلم حركات تعبيرية أو توضيحية أو توكيدية، ولكن الكتابة تخلو من هذه الميزة.

5. الكلام يبين تغير نغمات الصوت ولكن الكتابة تخلو من هذا.

6. الكلام يبين النبرات التي تتوزع على مقاطع الكلمات، ولكن الكتابة العادية لا تظهر هذه النبرات.

وهذا يؤكد أن الكتابة تمثيل جزئي للغة، في حين أن الكلام تمثيل كامل للغة بكل مكوناتها وأركانها.

تطور الكتابة:

تدل الآثار والنقوش على أن الكتابة مرت بمراحل تطورية عديدة:

1- الكتابة الفكرية. كانت أول مرحلة للكتابة عبارة عن رسوم ليست مرتبطة بأية لغة، لأن الرسوم أداء عالمي وليست أداءً خاصاً بقوم ما أو لغة ما. ومما يحد من فاعلية هذه الكتابة أنها مقصورة على القلة من الناس لأن مهارة الرسم لا يتقنها الكثير. وبالإضافة إلى هذا، إن الرسم لا يستطيع أن يعبر بدقة عن الكلام، بل إن الرسم الواحد قد يفهمه عدة أشخاص بطرق مختلفة. كما أن الفكرة الواحدة قد يرسمها عدة أشخاص رسوماً مختلفة. وهكذا فإن الكتابة الفكرية التي بدأ بها الإنسان هي مجرد مرحلة بدائية كانت تحتاج إلى تطوير جوهري.

2- الكتابة المفرداتية أو الصورية. في الكتابة الفكرية كان الرمز يدل على فكرة. هنا في الكتابة المفرداتية، الرمز يدل على كلمة، ولذا تدعى الكتابة هنا مفرداتية. وهي أدق في التعبير من الكتابة الفكرية.

3- الكتابة المقطعية. تطورت الكتابة المفرداتية فصار الرمز المكتوب رمزاً للمقطع. وما تزال اللغة اليابانية تستخدم هذه الكتابة المقطعية.

4- الكتابة الألفبائية. تطورت الكتابة المقطعية فصار الرمز يدل على الفونيم الواحد. وصار الرمز المكتوب يدعى حرفاً أو حَرْفيماً. وبوساطة الحروف صار ممكناً تسجيل أي قول لغوي. ويعزو أكثر الباحثين أول استخدام للألفباء إلى المصريين القدامى. وأقدم نقوش ألفبائية تعود إلى عام 1725 ق.م لدى الحضارة الفينيقية في لبنان. ثم انتقلت الألفباء إلى اليونان والرومان وإلى شتى الحضارات التي قامت بتطوير الكتابة الألفبائية كل منها بطريقتها الخاصة.

اتجاه الكتابة:

إن شعوب العالم تختلف في كل شيء حتى في اتجاه الكتابة وبالتالي اتجاه القراءة. بعض الشعوب تكتب من اليمين إلى اليسار كما هو الحال في اللغة

العربية. والبعض يكتب من اليسار إلى اليمين كما هو الحال مع اللغة الإنجليزية وسائر اللغات الأوروبية. والبعض يكتب من فوق إلى تحت كما هو الحال مع اللغة اليابانية.

أنواع الكتابة:

الكتابة الألفبائية الحالية أنواع. النوع الأول هو الكتابة العادية التي تراها أمامك في هذا الكتاب أو الكتابة التي تكتبها أنت عندما تجيب عن أسئلة الاختبارات.

والنوع الثاني هو الكتابة الفونيمية. وهي كتابة أدق من الكتابة العادية. إن الكتابة العادية التي أمامك هنا ليست دقيقة. فهي تخلو من الصوائت القصيرة، وتخلو من حركات الإعراب كما تخلو من علامة الشدّة التي تدل على تضعيف الحرف. كما أن فيها حروفاً محذوفة لأصوات منطوقة، مثل كلمة (هذا). كما أن فيها حروفاً مكتوبة لا تنطق، مثل همزة الوصل في كلمة (الاختبارات).

نظراً لقصور الكتابة العادية، ابتدع علماء اللغة الكتابة الفونيمية التي يعبر فيها حرف واحد (غرافيم واحد) عن فونيم واحد. وبذلك يكون الشكل المكتوب للغة مطابقاً للشكل المنطوق إلى أبعد حد ممكن . كل الفونيمات المنطوقة تظهر في الكتابة الفونيمية وكل الحروف المكتوبة تنطق صوتياً. في الكتابة الفونيمية تتطابق فونيمات اللغة مع غرافيماتها وتتطابق غرافيماتها مع فونيماتها. ولقد استخدم علماء اللغة الألفباء الصوتية الدولية في الكتابة الفونيمية. وهذه الألفباء الدولية مأخوذة من الحروف الرومانية. وعلى سبيل المثال، إن الكتابة الفونيمية للكلمات الآتية هي: جَلَسَ jalasa، مشى: masa، مدرسةٌ madrasatun، مُعَلمٌ mu9allimun.

وهناك نوع ثالث من الكتابة هـو الكتابـة الصـوتية. وهـي شبيهة بالكتابـة الفونيميـة، لكنها أكثر دقة وتفصيلاً، إذ هي تسـتعمل رمـوز الفونيمات ذاتهـا ولكـن تضيف إليهـا تفصيلات صوتية تدل على سبيل المثال على استدارة الشفتين، الهمس، الجهـر، التفخيـم، التأنيف وما شابه ذلك.

الكتابة المثالية:

هل الأنظمة الكتابية العادية التي تستخدمها اللغات حالياً أنظمة مثالية؟ لا توجـد لغات ذات كتابة مثالية مئة في المئة، لكن اللغات تتفاوت في درجة اقترابها أو ابتعادهـا من المثالية. من عيوب الأنظمة الكتابية في اللغات عموماً ما يلي:

1. هناك حروف زائدة تكتب ولا تنطق. وقد يكون لهـذه الحـروف وظيفـة (مثل الواو في عمرو) وقد تكون هذه الحروف غير زائدة في مرحلة سابقة مـن مراحـل اللغـة ثم سقط نطقها وبقيت هي دون حذف. واللغة الإنجليزية غنيـة بمثل هـذه الحـروف التي تدعى الحروف الساكنة، أي غير المنطوقة مثل knife know ,.

2. هناك حروف محذوفة ولكنها تنطق، مثل الألف في (ذلك).

3. هناك حروف لا تنطق كما هي، بل تُقَلب، مثل < s > في dogs حيث تقلـب إلى / z /.

الكتابة المثالية تعني أن يتساوى عدد فونيمات اللغة مع حروفها (أي غرافيماتها). وتعني أن كل فونيم يقابله غرافيم واحد وأن كل غرافيم يقابله فونيم واحد، وأن اللغـة تكتب تماماً كما تنطق وأنها تنطق تماماً كما تكتب.

انظر إلى هذه الأمثلة باللغة الإنجليزية:

1- pool , book . رغم وجود < oo > في كلتا الكلمتين لكن النطق مختلف.

2- / f / في الإنجليزية لا تكتب دائماً على شكل حـرف < f >. أحياناً تكتب < gh > مثل enough وأحياناً < ph > مثل photo وأحياناً < f > مثل fine.

3- / š / في الإنجليزية لا تكتب دائماً عـلى شكل < sh > كـما في shine. أحيانـاً تكتب < t > كما في translation، وأحياناً < c > كما في appreciate.

يمكن أن نكتب عشرات الصفحات عن هذا الموضوع، موضوع عدم تطابق الشكل الصوتي مع الشكل الكتابي في اللغة الإنجليزية. ولكن يكفي هذا القدر لغرض التمثيـل. بـالطبع، تتفـاوت اللغـات في درجـة التطابق الكتـابي الصـوتي أو التطـابق الغرافيمـي الفونيمي. من ناحية أخرى، مـن الممكـن أن نقـول إن اللغـة العربيـة هـي مـن أفضـل اللغات، إن لم تكن هي الأفضل، من حيث درجة التطابق الكتابي الصوتي للأسباب الآتية:

1- يتساوى عدد فونيماتها القطعية مع عدد غرافيماتها، أي يتساوى عدد أصواتها مع عدد حروفها (تقريباً).

2- كل حرف عربي يقابلة فونيم واحد. فالحرف (ف) ينطق / ف / ولا شيء سواه.

3- كل فونيم عربي يكتب على شكل حرف واحد. فالفونيم / س / مثلاً لا يكتب إلا بالحرف < س > فقط.

4- إذا كانت هناك حروف تكتب ولا تنطق في اللغة العربية فهي حالات محدودة تخضع لقوانين ثابتة، مثلاً الألف بعد واو الجماعة في كلمة مثل (جلسوا).

5- إذا كانت هناك حروف تحذف ولكنها تنطق فهي حـالات محدودة معروفة، مثل كلمة (هذا).

6- إذا كان هناك إدغام أو قلب فهي حالات خاضعة لقوانين صوتية معروفة ثابتة.

7- إذا أضفنا الحركات على الصوامت فإن الكتابة العربية تصبح مثالية أو شبه مثالية، كما في جَلَسَ، كِتابٌ.

مشكلات التباين الصوتي الكتابي:

كلما زاد الاختلاف بين الشكل الكتابي والشكل الصوتي للغة، زادت مشكلات التهجئة، أي المشكلات الإملائية لتلك اللغة. وكما ذكرنا سابقاً، تتفاوت اللغات في درجة الاختلاف بين الشكلين. وبذلك فإن بعض اللغات، مثل اللغة الإنجليزية، تعاني من مشكلات حادة في التهجئة (أي الإملاء). حتى أبناء اللغة الأصليون يشكون من مشكلات الإنجليزية الإملائية، لأن هناك فرقاً واسعاً بين نطق معظم الكلمات وطريقة كتابتها ولأن الصوت الواحد قد يكتب بعدة حروف.

ومن ناحية أخرى، بعض اللغات، ومنها العربية، بالمقارنة مع سواها، تبدو سهلة إملائياً نظراً لتمتعها بدرجة عالية من التطابق بين الشكل الصوتي والشكل الكتابي.

ولذلك فإن لغة مثل الإنجليزية يدعو كثير من أهلها إلى ضرورة إصلاحها كتابياً، أي إصلاح نظام التهجئة فيها. كلمة night صاروا ينادون أن تكتب nite مثلاً. ولكن دعوات الإصلاح الكتابي تصطدم دائماً بالحرص على التراث المكتوب. فلو أن شعباً غيَّر نظامه الكتابي تغييراً ملموساً لسبب أو لآخر أو عدَّله أو تحول إلى نظام جديد كلياً، فإن هذا يجعل الأجيال اللاحقة غير قادرة على قراءة ملايين الكتب المكتوبة بالنظام القديم. ولذلك، رغم أن الإصلاح الكتابي قد يكون اختياراً جذاباً، إلاّ أن له مخاطره الكبيرة.

وهناك مشكلة أخرى تنجم من الاختلاف بين الشكل الصوتي والشكل الكتابي للغة، ألا وهي مشكلة القراءة. فإذا كان البون شاسعاً بين ما هو مكتوب وبين منطوقه، فإن القارئ جهراً سيواجه مشكلات حقيقية في تحويل الحروف المكتوبة إلى أصوات مفهومة. وهذه المشكلات تظهر بوضوح مع الأطفال المبتدئين في القراءة أو مع المتعلمين المبتدئين في تعلم لغة أجنبية.

إن التباين بين الكتابة والنطق يوجد مشكلتين. الأولى مشكلة إملائية يواجهها من يريد أن يكتب ما يسمع. والثانية مشكلة قرائية يواجهها من يريد أن ينطق ما هو مكتوب. المشكلة الأولى ناجمة من ميل المرء إلى الكتابة وفقاً لما يسمع. والثانية ناجمة من ميل المرء إلى النطق وفقاً لما يرى، وهذا يعرف بالنطق الكتابي، أي النطق وفقاً للشكل المكتوب.

الكتابة الصامتية:

بعض اللغات، مثل العربية، تحذف من الكتابة صوائتها القصيرة وتظهر صوائتها الطويلة إضافة إلى الصوامت. انظر إلى الكتابة التي أمامك على هذه الصفحة. هذه الكتابة لا تحتوي إلاّ على الصوامت والصوائت الطويلة. أما الصوائت القصيرة فهي محذوفة على اعتبار أنها مفهومة وأن القارئ يستطيع أن يفهمها من السياق أو من أوزان اللغة، أي أشكالها القياسية. وبالطبع، يمكن في حالة اللغة العربية أن تصبح الكتابة كاملة إذا صارت مشكولة وأضفنا الصوائت القصيرة التي تعرف عادة بالحركات.

أسئلة وتمارين

1- ما الفروق بين الكلام والكتابة بشكل عام؟

2- ما المراحل التي مر بها تطور الكتابة في العالم؟

3- ما هي صفات الكتابة المثالية؟

4- ما معنى المصطلحات الآتية: كتابة عادية، كتابة فونيمية، كتابة صوتية، النطق الكتابي، الكتابة الصامتية؟

5- ما هي مشكلات التباين الصوتي الكتابي؟

6- ما المقصود بالتطابق الصوتي الكتابي؟

7- أعط أمثلة للتباين الصوتي الكتابي في لغة تعرفها.

الفصل العاشر

اكتساب اللغة

إن علم اللغة النفسي، أخذ فروع علم اللغة التطبيقي، هو العلم الذي يبحث في اكتساب اللغة، سواء أكانت اللغة الأولى أم الثانية. وهو علم يعنى بتطور النمو اللغوي لدى الفرد وعلاقة ذلك بالتفكير والدماغ والعمر الزمني والذكاء وما شابه.

العوامل المؤثرة في اكتساب اللغة:

هناك عدة عوامل تؤثر في اكتساب الطفل للغة الأولى، منها ما يلي:

1- السن. كل مرحلة من مراحل العمل الزمني للطفل لها خصائصها وتوقعاتها. فالطفل لا يتكلم وعمره شهر مثلاً، لا بد أن يبلغ عمره حداً معيناً لينطق كلمات، وحداً آخر لنيطق جملاً، وهكذا. وبالطبع، إن النمو اللغوي يختلف توقيته الزمني من طفل لآخر، ولكن الاختلاف يبقى ضمن مدى معروف.

2- الدماغ. يشترط في اكتساب اللغة سلامة الدماغ من الأمراض، وخاصة مراكزه اللغوية. فقد يعجز الطفل عن الكلام لأن أحد مراكز اللغة في دماغه مصاب بتلف ما.

3- البيئة اللغوية. يشترط لاكتساب اللغة أيضاً أن يتعرض الطفل لبيئة لغوية يسمع فيها اللغة بكمية كافية. إذا لم يسمع الطفل اللغة فلا يستطيع أن يكتسبها.

4- السمع. يشترط أيضاً لاكتساب اللغة أن تكون حاسة السمع لدى الطفل سليمة. فالصمم يؤدي إلى حجب اللغة عن الدماغ وبالتالي يحول دون اكتساب اللغة. ولذا فإن الطفل الأصم منذ ولادته يصبح طفلاً أبكم.

5- الجنس. لقد دلت البحوث على أن الإناث أسرع في اكتساب اللغة من الذكور، إذ يتم الاكتساب اللغوي لديهن في سنّ أبكر. ولقد جعل الله سبحانه هذا الفرق لتمكين الإناث من النضوج المبكر لغوياً وعقلياً وجسمياً استعداداً لدورهن في الحياة.

6- الذكاء. إن الطفل الأذكى يكتسب عدداً أكبر من المفردات في وقت أبكر وأقصر من الطفل الأقل ذكاء. كما أن استيعابه اللغوي يكون أدق وأسرع.

7- الصحة البدنية. إن الطفل صحيح الجسم أسرع في اكتساب اللغة من الطفل عليل الجسم، لأن علة الجسم تؤثر سلبياً على النشاط الذهني، الذي بدوره يؤثر سلبياً على قدرات الاستماع والتعبير والاستيعاب.

8- الثنائية اللغوية. إن تعرض الطفل لأكثر من لغة واحدة في وقت مبكر من حياته قد يربكه ويؤخر نموه اللغوي في كلتا اللغتين.

9- السلوك المضاد. إذا ألح الوالدان على طفلهما بأن يتكلم قبل أوانه أو أصرا عليه أن يتكلم اللغة كما يتكلم الكبار فإن ذلك قد يؤدي إلى نتيجة عكسية. فبدلاً من أن يستجيب الطفل لضغط والديه، نراه يتراجع لغوياً ويحجم عن المحاولات اللغوية خوفاً من الفشل أو التأنيب أو الضغط.

دور حاسة السمع:

إن حاسة السمع تلعب دوراً جوهرياً في اكتساب الطفل للغة، لأن الأذن هي البوابة التي تعبر منها اللغة إلى الدماغ. فإذا انغلقت هذه البوابة لأمر ما، فإن الدماغ لا يستلم أية إشارات لغوية وبالتالي لا يخزّن أية مفردات لغوية ولا يستطيع إنتاج أي منها.

كما أن الأذن هي قناة تمرير الأصوات اللغوية، التي هي المادة الخام التي تصنع منها اللغة. دون سمع، لا تمرر الأصوات إلى الدماغ. الطفل الذي لم يسمع اللغة قط لا يستطيع أن يتكلمها.

والأذن توصل المفردات اللغوية إلى الدماغ، الذي يقوم بفك رموزها وفهم معانيها وربطها معاً في حقول وتصنيفها وتخزينها. فإذا تعطل وصول هذه المفردات إلى الدماغ بسبب الصمم، فإن الدماغ لا يستطيع أن يتعامل مع هذه المفردات، بل إنه لا يدري عنها شيئاً. والأذن تنقل إلى الدماغ جمل اللغة فيقوم الدماغ بتحليل صرفها ونحوها وقواعدها.

وبالطبع هناك فروق بين طفل أصيب بالصمم منذ ولادته فلم يسمع اللغة إطلاقاً وطفل أصيب بالصمم في سن الخامسة مثلاً. الأول لم يسمع اللغة إطلاقاً، وبذلك فهو عاجز عن النطق، فهو أصم أبكم. أما الثاني فقد أصيب بالصمم بعد أن سمع اللغة ونطقها، فهو أصم لكنه غير أبكم.

دور حاسة البصر:

إن لحاسة البصر دوراً هاماً في اكتساب اللغة، غير أنه يأتي في الدرجة الثانية بعد دور حاسة السمع، إذ يمكن للكفيف أن يكتسب اللغة ولا يمكن للأصم ذلك إذا كانت إعاقته منذ الولادة. ويمكن لحاسة البصر أن تساهم على النحو الآتي:-

1- تُتَابع العينُ حركات أعضاء النطق الخارجية في أثناء الكلام وبذلك تساعد الأذن في إدراك الأصوات.

2- بوساطة العين يدرك السامع على نحو أفضل مقاصد المتكلم، إذ تبصر العين الموقف المحيط بالمحادثة فيصبح الفهم أيسر وأكمل.

3- بوساطة حاسة البصر يتعلم الطفل حركات الجسم المصاحبة للغة والمكملة لها.

4- كما أن العين تساعد صاحبها في إدراك حركات وملامح وانفعالات المتكلم الآخر، مما يساعد في فهم رسالة المتكلم.

5- إن العين هي الأداة الرئيسية لقراءة اللغة المكتوبة وكتابتها.

مراكز اللغة في الدماغ:

إن الدماغ ينقسم إلى مراكز عديدة لكل منها دوره. فهناك مركز للحركة ومركز يشرف على التنفس ومركز يشرف على نبض القلب ومركز للسمع ومركز للبصر ومركز للذوق ومركز للشم أيضاً. وهناك مراكز لغوية وعددها أربعة:

1- مركز الكلام. وهو مركز يصدر الأوامر الحركية إلى أعضاء أجهزة النطق كي تصدر الأصوات اللغوية المطلوبة. ونظراً لوظيفته الحركية فإن مركز الكلام قريب من مركز الحركة في الدماغ.

2- مركز الكتابة. وهو يصدر الأوامر الحركية إلى عضلات اليد لتقوم بكتابة حروف اللغة.

3- مركز الكلمات المسموعة. ويقوم هذا المركز باستقبال اللغة الواردة عن طريق الأذن، كما يقوم بفك رموزها، أي فهمها.

4- مركز الكلمات المرئية. ويقوم هذا المركز باستقبال وفهم اللغة الواردة عن طريق العين، أي اللغة المكتوبة.

وتقع هذه المراكز الأربعة في الجانب الأيسر من الدماغ عادة. كما أن الأذن اليمنى أكثر استقبالاً للغلة من الأذن اليسرى، ذلك لأن الأذن اليمنى مرتبطة بالجانب الأيسر من الدماغ، حيث تقع المراكز اللغوية. ومما يدعم

نظرة المراكز اللغوية ما يرى في الحوادث والإصابات، فقد يفقد المصاب القدرة على الكلام دون أن يفقد القدرة على الكتابة. وقد يفقد القدرة على الكتابة دون أن يفقد القدرة على الفهم. ويظهر هذا في حالات إصابات الدماغ نتيجة الجلطات أو حوادث السيارات على سبيل المثال. هذا التفاوت في الإصافة يدل على تقسيم الدماغ إلى مراكز متخصصة لكلٍ دور متميزْ. وهذا التقسيم من رحمة الله بعباده، إذ لولا ذلك لكانت إصابة الدماغ تعني فقدان المصاب لجميع قدراته مرة واحدة. ولكن وجود المراكز المتخصصة يعني أن المركز المصاب وحده هو الذي يتعطل كلياً أو جزئياً دون إلحاق أذى بالمراكز الأخرى.

دائرة الاتصال اللغوي:

ينشأ الاتصال اللغوي بوجود دافع للاتصال لدى الفرد س. هذا الدافع أي الحاجة، قد يكون اجتماعياً أو عاطفياً أو نفعياً أو مالياً أو معلوماتياً أو سواه. مع الدافع، تنشأ إرادة الاتصال. يقوم الدماغ باختيار عبارات الاتصال ثم يصدر الأوامر لأعضاء النطق لبدء الإرسال اللغوي إلى الفرد ص، الذي تستقبل أذناه الرسالة وترسلانها إلى المركز المتخصص في دماغ ص. هذا المركز الأخير يفك رموز الرسالة، أي يفهمها. وفي ضوء ذلك، يقوم دماغ ص باختيار عبارات الاستجابة وإصدار أوامر لبدء الإرسال إلى س. وهكذا يتوالى الاتصال اللغوي بين إرسالات واستقبالات من كل من س ، ص بالتناوب.

حين يكون س مرسلاً يكون ص مستقبلاً وحين يكون ص مرسلاً يكون س مستقبلاً. ويستمر س ، ص في تبادل أدوار الإرسال والاستقبال إلى أن يقرر أحدهما أو كلاهما إنهاء الاتصال اللغوي.

غير أن عملية الاتصال ذاتها هي عمل يقوم به الدماغ. فالدماغ يقرر بـدء الاتصـال وبدء الإرسال. والدماغ هو الذي يختار المفردات والجمل. والدماغ هو الـذي يصـدر الأوامر إلى أعضاء النطق لتنفيذ الإرسال. ودماغ المستمع هو الـذي يستقبل الرسـالة ويفهمها ويقرر كيف يرد عليها ويعطي الأوامر لبدء الرد. إن الاتصال اللغوي هـو عمـل من أعمال الدماغ بمراكزه اللغوية تالمتخصصة تعينه في ذلك أعضاء النطق وجهاز السمع وجهاز البصر.

مراحل النمو اللغوي:

يولد الطفل لا يعرف من أية لغة أية كلمة. ولكن يولد ولديـه الاستعداد الفطـري الذي فطره الله عليه، استعداد لتعلم أية لغة يتعرض لها. ويمر النمو اللغوي لدى الطفل بالمراحل التالية:

1- مرحلة الأصوات الأولى. عنـدما يولـد الطفـل يصرخ صرختـه الأولى. وهـذا أول صوت يصدر عنه. وهي صرخة ضرورية لتنشيط الرئتين وتوسيعهما. ويتنـدر المتنـدرون فيقولون إنها صرخة الطفل من أهوال السنين التي تنتظره. ثم تتوالى محاولات الطفـل الصوتية إذ يحـدث أصواتاً استجابة لمـؤثرات يحـس بها مثل الجـوع والعطـش والألم والسرور، أي هي أصوات انفعالية. وهي أصوات غير لغويـة، ولكنهـا أصوات بـالمعنى الفيزيائي، غذ تحدث بالطريقة ذاتها التي تحدث بها الأصوات اللغوية. وهذه الأصوات الانفعالية مشتركة بين الأطفال في جميع أرجاء الأرض.

2- مرحلة المناغاة. عندما يبلغ الطفل الشهر الرابع أو الخامس مـن عمـره، يبدأ بالمناغاة، حيث يبدأ الطفل يلعب بالأصوات. يحاول إصدار أصوات متنوعة وكأنه يجري تجارب على جهازه الصوتي، مثل امرئ لا يعرف العزف على العـود ولكن وجد العود أمامه فأخذ يعبث به بدافع حب

الاستطلاع. وهكذا شأن الطفل: أحس أن لديه جهازاً صوتياً قادراً على إحداث أصوات فأخذ يعبث بجهازه الصوتي ليرى قدرات هذا الجهاز. كما أن الطفل يسلي نفسه وهو يُسمع نفسَه بنفسه. والأصوات الصادرة في هذه المرحلة بعضها لغوي وبعضها غير لغوي، بعضها ينتمي إلى اللغة التي يسمعها الطفل وبعضها لا ينتمي إليها. ولكن الطفل يبدأ بعملية انتقاء تحت تأثير عامل التقليد وعامل التعزيز الذي يأتيه من والدته بشكل خاص، إذ يميل إلى تكرار الأصوات التي تنتمي إلى لغته ويميل إلى تجنب الأصوات التي لا تنتمي إليها.

3- مرحلة الكلمات الأولى. في بداية السنة الثانية من العمر تقريباً، يبدأ الطفل بإصدار الكلمات الأولى. والبعض يدعوها مرحلة الكلمة الجملة أو مرحلة الجملة الكلمة، أي مرحلة الجملة التي تتكون من كلمة واحدة، أو الكلمة التي تقوم مقام جملة. فعندما يريد الطفل ماء، لا يقول "أنا أريد ماء" بل يكتفي بأن يقول "مَيّ" أو ما يقاربها، يقولها بطريقته الخاصة. ويبدأ الطفل في هذه المرحلة بربط الكلمات بمعانيها عن طريق الاقتران بين الكلمة والشيء وعن طريق المقارنة والتكرار والمحاولة وحذف الخطأ والتعزيز. والمقصود بالتعزيز الاستحسان الذي يناله الطفل إذا أصاب والتصويب الذي يتلقاه إذا أخطأ. بهذه الوسائل مجتمعة يبني مفرداته اللغوية ويكتسب معانيها. وبالطبع، إن عملية اكتساب المفردات عملية طويلة تستمر مدى الحياة، ولكنها عملية سريعة في سنوات العمر الأولى ثم تتباطأ فيما بعد.

4- مرحلة الجملة. عندما يبلغ الطفل ± 24 شهراً من العمر (أي قرابة العامين مع الفروق الفردية)، يبدأ الطفل بتكوين الجملة ذات الكلمتين، مثل "جا بابا" (أي جاء أبي) أو "بابا جا". وقد تكون الجمل هنا فعلية أو اسمية. ويقتصر الطفل في بداية هذه المرحلة على كلمات المحتوى ويحذف من جملته الكلمات الوظيفية، مثل حروف الجر والعطف. وبالطبع، تبدأ الجملة

بالنمو، فهي تبدأ لديه بكلمتين، ثم تتطور على مر الشهور والسنين لتصبح جملة تتكون من عشر كلمات بل أكثر، وتتحول من جملة بسيطة إلى جملة مركبة.

اتجاهات اكتساب اللغة:

إن أفضل وسيلة لدراسة اكتساب اللغة لدى الأطفال هي الملاحظة. ومن الممكن أن يلاحظ الباحث طفلاً واحداً أو أكثر ملاحظة طويلة، أي يتتبع سلوكه اللغوي منذ ولادته عبر السنوات، فيراقب أصواته ومفرداته وإشاراته وجمله. وقد تكون الملاحظة عَرْضية، أي يراقب الباحث عدة أطفال في أعمار مختلفة في آن واحد ويتوصل إلى اتجاهات النمو اللغوي لدى الطفل بشكل عام.

ويلاحظ من مراقبة هذه الاتجاهات ما يلي:

1. يتجه اكتساب اللغة من البسيط إلى المركب. فيبدأ الطفل بإصدار أصوات، ثم مقاطع، ثم كلمات، ثم جمل. وهذا تطور منطقي لأن المقطع يتكون من أصوات والكلمة من مقاطع والجملة من كلمات. فلا يستطيع أحد إصدار جملة قبل أن يكون قادراً على إصدار أجزائها.

2. يبدأ الطفل بإصدار الأصوات الشفتانية أولاً مثل / ب / و / م / لأنها أصوات خارجية يرى أعضاء نطقها وأمه تنطقها ولأن عضلات الشفتين عنده قوية حيث يستخدمها في حصوله على الغذاء. ولذلك تكون كلمة "بابا" وكلمة "ماما" أو "با" و "ما" من أولى الكلمات التي ينطقها الطفل بسبب تكرارية سماعها وسهولة نطقها.

3. إذا حللنا حصيلة المفردات الأولية لدى الطفل أو قاموسه المفرداتي، نجد أن أكثر مفرداته الأولى من الأسماء العامة (مثل كرة، أكل، كرسي، ماء)، تليها الأسماء الخاصة (مثل بابا وماما)، تليها الأفعال (مثل كل وهات والعب). ونجد أن أقل المفردات لديه هي الكلمات الوظيفية (مثل حروف الجر

والعطف)، إذ يتأخر اكتسابها واستخدامها. ويطول بناء الحديث إذا أردنا أن ندخل في تعليل هذه الظواهر. ولكن يبدو أن الطفل يكتسب الكلمات حسب حاجته إليها.

4. يكتسب الطفل الكلمات التي تدل على المحسوس قبل الكلمات التي تدل على المجرد، مثلاً كرسي، باب، سيارة، موز، قبل سعادة، سرور، ألم، غضب، لأن المحسوسات أسهل إدراكاً من المجردات.

5. يفهم الطفل المفردات (أي الكلمات) قبل أن يستخدمها في التعبير.

6. هناك كلمات خاملة لدى الطفل يفهم معناها ولكنه لا يستخدمها. وهناك كلمات نشيطة يفهمها ويستخدمها. وقد تكون كلماته الخاملة أكثر عدداً من كلماته النشيطة.

7. كلمات الطفل في البداية أكثرها من مقطع واحد نظراً لسهولة نطقها وتذكرها. ويميل الطفل إلى الكلمات القصيرة ويفضلها على الكلمات الطويلة من باب الاقتصاد في التخزين والتذكر والاستخدام. وإذا كانت الكلمة طويلة، نجد أن الطفل يختصرها بطريقته الخاصة.

8. قد يختلف معنى الكلمة لدى الطفل عن معناها لدى البالغين. قد تكون أوسع معنى أو أضيق معنى. للطفل خيال خاص وخبرة خاصة ولغة خاصة.

9. يميل الطفل إلى الجمل القصيرة أولاً، ثم تنمو جملته فتصير طويلة.

10. يميل الطفل إلى الجملة البسيطة أولاً، ثم تنمو لغته فيكتسب الجمل المركبة.

11. يمي الطفل إلى تسمية الأشياء بأبرز ما فيها بالنسبة إليه هو. فالكلب قد يدعوه الطفل "عَوْ" نسبة إلى صوته، والقط قد يدعوه "ميوْ" نسبة إلى صوته. الطفل له قاموس خاص قابل للتعديل يومياً، يحذف منه، يضيف إليه، يعدِّل فيه كل ساعة وكل يوم حتى يطابق قاموسه قاموس البالغين في آخر المطاف.

12. يميل الطفل إلى تجنب الأصوات اللغوية الصعبة ويحل محلها أصواتاً بديلة سهلة. / ت / قد يقلبها إلى / ت / أو / س /. / ظ / قد يقلبها إلى / ز / مفخمة. / ق / قد يقلبها إلى / ء /. وهكذا، إن سياسة الطفل اللغوية هي البحث عن الأيسر. ولكنه جاهز أيضاً للتكيف اللغوي الاجتماعي، إذ هو راغب في إرضاء البالغين من حوله، فيعدل لهجته لتقترب من لهجتهم، بل لتطابقها في النهاية.

13. تنتقل المعاني لدى الطفل من الخاص إلى العام. على سبيل المثال، كلمة (كلب) تدل لدى الطفل في بادئ الأمر على كلب معين بذاته. ثم يلاحظ الطفل وجوه الشبه بين ذلك الكلب وسواه من الحيوانات، فيرى أن بينها من التماثل ما يبرر أن يطلق كلمة (كلب) على جميع الحيوانات ذات الأربع. وبعد قليل، يلاحظ الطفل أن البالغين لا يسمون البقرة كلباً، بل يسمونها بقرة. كما أنه بمزيد من الملاحظة يرى أن البقرة تختلف عن الكلب اختلافاً كبيراً. فيعدل من مدلول كلمة (كلب)، لتصبح كلمة (الكلب) دالة على الكلاب فقط. وهكذا نرى أن الطفل بدأ بالخاص أولاً، ثم اتجه إلى العام الواسع، ثم إلى العام الضيّق. إن الطفل يقوم بمراجعة مستمرة لمفرداته ومعانيها إلى أن تستقر الأمور وتصبح لغته مطابقة للغة البالغين.

14. لكل طفل قواعده الخاصة. ينفي الجملة بطريقة خاصة. مثلاً يضع "ما" في بداية كل جملة أو في وسط كل جملة. يجمع الأسماء مفضلاً القياس، مثلاً قد يضع (ون) في آخر اسم أو (ات) في آخر كل اسم. وقد يضحك الكبار من لغة الصغار، ولهم الحق في ذلك. ولكن الطفل يسير في اكتسابه للغة وفقاً لخطة ثابتة. إن الطفل في كل مرحلة من مراحل عمره يبني لنفسه قواعد خاصة يسير وفقاً لها، ثم يعدِّل هذه القواعد بانتظام مستفيداً من ملاحظاته الشخصية وتوجيهات والديه وأقرانه. وشيئاً فشيئاً ومع مرور الأسابيع والشهور والسنوات يتقن الطفل لغته الأولى إتقاناً.

نظريات اكتساب اللغة:

كيف يكتسب الطفل لغته؟ للإجابة عن هذا السؤال هناك عدة نظريات:

1- الاكتساب بالتقليد. يرى البعض أن التقليد هو محور عملية الاكتساب. الطفل يسمع والديه وأقرانه ويحاول أن يقلِّد ما يسمع ومن يسمع. ولكن البعض يرى أن التقليد لا يفسر جميع جوانب السلوك اللغوي. فكثيراً ما يقول الطفل كلمة أو جملة لم يسمعها من أحد، فلو كان التقليد هو مصدر الاكتساب لما قال الطفل كلمات غريبة أو جملاً جديدة.

2- الاكتساب بالتعزيز. يرى البعض أن الطفل يكتسب اللغة بالتعزيز الإيجابي والتعزيز السلبي. يحاول الطفل فيصيب فتبتسم أمه له وتثني عليه وتربت عليه أو تقبله، وهذا هو التعزيز الإيجابي. ويحاول الطفل لغوياً فيخطئ فتصوبه أمه، وهذا هو التعزيز السلبي. بالثناء أو التصويب يكتسب الطفل لغته. ولكن البعض يرى أن هذه النظرية لا تفسر كيف يكتسب أطفال لغتهم دون أن يكون لهم والدون يعززون سلوكهم اللغوي. هناك أطفال اكتسبوا لغتهم دون تعزيز لأنهم فقدوا رعاية الوالدين أو من يقوم مقامهم.

3- الاكتساب بالاستعداد الفطري. يرى البعض أن الطفل يكتسب اللغة لأنه مستعد فطرياً لذلك: خلقه الله ولديه القدرة على اكتساب اللغة إذا وصل سناً معيناً وسمع لغة معينة. وهذا يعني أن الاكتساب يتم بالنضوج العمري والمُدْخل اللغوي. لا بد من وجود شرطين لاكتساب اللغة: أولهما بلوغ الطفل عمراً معيناً وثانيهما أن يسمع الطفل لغة ما.

4- الاكتساب المتكامل. إن مؤلف هذا الكتاب يرى أن اكتساب اللغة لا يتم بالتقليد وحده، ولا بالتعزيز وحده، ولا بالاستعداد الفطري وحده. إن لكل عامل من العوامل الثلاثة السابقة دوره. فالاستعداد الفطري لا غنى عنه، والتقليد

يعين الطفل على اختصار الطريق والوقت والجهد، والتعزيز يبين للطفل أين يصيب وأين يخطئ.

اكتساب اللغة الثانية:

ما سبق الحديث عنه في هـذا الفصل يتعلـق باكتسـاب اللغـة الأولى. ولكـن أمـر اكتساب اللغة الثانية يختلف. فاكتساب اللغة الثانية واللغة الأجنبية مرهون من حيث السرعة والإتقان بعوامل عديدة منها:

1- البيئة اللغوية الطبيعية. أن تسمع لـ2 في بيئتها الطبيعية (أي في واقـع الحيـاة) أفضل من أن تسمعها في بيئة اصطناعية (أي في غرفة الصف).

2- دور المتعلم. إذا أتيح للمتعلم أن يستخدم لـ2 ويشترك في المحادثة فإنه يـتعلم على نحو أفضل وأسرع مقارنة بوضع تقل فيه مشاركته.

3- استخدام المحسوسـات. إذا ارتبطت لـ2 مـع المحسوسات يكـون الـتعلم أكـثر طبيعية وأكثر واقعية وأكثر تشويقاً.

4- النموذج اللغوي. لا بـد في تعلـم اللغـة مـن نمـوذج لغـوي، أي شـخص يقلـده المتعلم. كلما كان النموذج متقناً للغة 2 كان ذلك أفضل للمتعلم.

5- التغذية الراجعة. يحتاج المتعلم إلى تغذية راجعة، أي تعزيـز، ليعـرف إن كـان أداؤه اللغوي صحيحاً أم خاطئاً. التغذية الفورية أفضـل مـن التغذية المؤجلـة، كـما أن التغذية الإيجابية أفضل من التغذية السلبية، وقد تكون التغذية الانتقائية (أي تصحيح بعض الأخطاء) أفضل من التغذية الشاملة (أي تصحيح جميع الأخطاء).

6- التكرار. كلما سمع المتعلم جملة أو كلمـة مـرات أكـثر، كـان تعلمـه لهـا أسـرع وأدوم.

7- كمية التعرض. لا بد لتعلم ل2 من التعرض لها. لا بد من سماعها وقراءتها. وهذا هو المُدْخَل اللغوي. من غير مُدْخل لا يوجد مُخْرَج. وكلما زادت ساعات التعرض للغة زادت سرعة اكتسابها.

8- الاستعداد. لكل مهارة سنّ مثالي لاكتسابها. فلا بد من أن يتم تعليم ل2 في العمر المناسب.

9- الدافعية. لا تعلم دون انتباه ولا انتباه دون دافع. قد يكون الدافع لتعلم ل2 هو النجاح المدرسي، أو الانتماء إلى قوم ما أو دين ما، أو الرغبة في نيل جائزة ما، أو الرغبة في السفر، أو معرفة لغة تجارية معينة. وقد يكون الدافع داخلياً أو خارجياً. كلما زاد عدد الدوافع وزادت قوتها، كان التعلم أسرع.

10- الاسترخاء. إذا تمَّ التعلم في جو نفسي واجتماعي مريح، كان ذلك أدعى إلى سرعة الاكتساب.

11- القلق. قليل من القلق مفيد في حفز المتعلم لتعلم ل2 أو سواها. ولكن الإفراط في القلق يعيق التعلم.

12- الثقة بالنفس. الثقة بالنفس تجعل المتعلم ميالاً إلى الانطلاق اللغوي، جريئاً في المحاولة، غير خائف ولا وجل. مزيد من الثقة بالنفس يؤدي إلى اكتساب أسرع للغة 2.

13- التعاطف. إذا كان الفرد متعاطفاً مع الآخرية بطبعه يكون ميالاً إلى الاتصال اللغوي، سماعاً وتعبيراً. وهكذا فالتعاطف عامل إيجابي في سرعة اكتساب ل2.

14- الشخصية. الفرد ذو الشخصية الانفتاحية (أي الانبساطية) قد يكون أسرع في اكتساب اللغة من الفرد ذي الشخصية الانطوائية.

15- العمر. الأطفال أفضل من البالغين في تعلم ل2 من حيث الاستعداد للتقيد والجرأة في المحاولة. والبالغون أفضل من حيث الخبرة والتحليل والاستيعاب والذاكرة.

16- تأثير اللغة الأولى. قد تساعد ل1 في تعلم ل2 حيث توجد وجوه الشبه بينهما. وهذا هو التسهيل الناجم من انتقال أثر التعلم السابق. وقد تعيق ل1 تعلم ل2 حيث توجد وجوه الاختلاف بينهما. وهذه هي الإعاقة الناجمة من انتقال أثر التعلم السابق. ويدعى الانتقال الأول انتقالاً إيجابياً والثاني انتقالاً سلبياً. وكلما زاد التشابه بين ل1 و ل2 كان اكتساب ل2 أسرع وأسهل.

17- الموقف. قد يحب المتعلم ل2 لأنه يحب أهلها، وقد يكره ل2 لأنه يكره أهلها. هنا تتدخل السياسة والتاريخ وسلوك الدول وصفحات الاستعمار والاحتلال والحروب والقصف والإبادة. كيف يحب المرء ل2 إذا كان أهل ل2 هم الأعداء الألداء له ولقومه؟! موقف المتعلم من أهل ل2 يؤثر في سرعة اكتسابه لهذه اللغة سلبياً أو إيجابياً.

الفرق بين اكتساب ل1 واكتساب ل2:

هناك فروق عديدة بين حال الطفل مع ل1 وحاله مع ل2، منها:

1- الدافع. عند تعلم ل1 تكون دافعية الطفل في أوجها، فهو في حاجة ماسة للغة يتفاهم بها مع لاوالدته ومع من حوله يعبر بها عن حاجاته الأساسية من طعام وشراب وسواهما. ولكن عند تعلم ل2 فيما بعد، لا تتوفر مثل هذه الدرجة العالية من الدافعية.

2- البيئة اللغوية. مع ل1 تكون البيئة اللغوية مثالية إذ هي طبيعية واقعية. ولكن مع ل2 قد لا تكون كذلك، بل هي على الأرجح بيئة اصطناعية.

3- المران. مع ل1 يتمرن الطفل على اللغة ساعات طويلة يومياً. ولكن مع ل2 قد لا يتاح له سوى بضع دقائق في اليوم إذا سمح له معلمه بذلك.

4- كمية التعرض. مع ل1 يتعرض الطفل للغة ساعات طويلة يومياً. ولكن مع ل2 لا تتعدى مدة التعرض بضع ساعات في الأسبوع.

5- التعزيز. مع ل1 يتاح للطفل أن يتعزز أداؤه كثيراً وفورياً لأن للطفل الواحد معلم واحد هو والدته. ولكن مع ل2 يقل التعزيز لأن المعلم ينشغل بعشرات الأطفال في وقت واحد.

6- الاسترخاء. مع ل1 يكون الطفل في أفضل حالات الراحة النفسية، إذ هو مع أمه ينعم بحنانها وعطفها. ولكن مع ل2 لا تتوفر الدرجة ذاتها من الاسترخاء، فهناك ضغط المعلم وضغط الأقران وضغط المنافسة.

7- العمر. يتعلم الطفل ل1 وهو في سنواته الأولى، حيث يكون العمر مواتياً تماماً لتعلم اللغة. ولكن ل2 يتعلمها المرء عادة في سنوات متأخرة حيث تضعف قابلية تعلم اللغة مقارنتة بالسنوات الأولى.

8- التدخل. عند تعلم ل1 تنفرد ل1 بالمتعلم وينفرد بها، فلا توجد لغة أخرى تنافسها. ولكن عند تعلم ل2 تكون ل1 قد تمكنت من عقل المتعلم مما يجعلها تتدخل في ل2 فتعيق تعلمها أحياناً وتسهله أحياناً.

9- المشاعر. عند تعلم ل1 لا توجد لدى الطفل مشاعر معادية نحو ل1 في العادة، فهي لغى والديه وأهله وأحبائه. ولكن عند تعلم ل2 هناك احتمالات بأن يترافق ذلك مع مشاعر معادية لأهل ل2، مما يعيق تعلم ل2.

وهكذا نرى أن ل1 أفضل وضعاً من ل2 فيما يتعلق بتسهيل الاكتساب وسرعته ومدى إتقانه، لأن دافعية الطفل مع ل1 أقوى، وبيئته اللغوية مع ل1 أكثر طبيعية وواقعية، وفرص المران مع ل1 أوفر، وكمية التعرض للغة الأولى أكثر، والتعزيز مع ل1 أسرع وأشيع، والاسترخاء مع ل1 أفضل

والقلق أقل، والعمر مع ل1 أنسب، والتدخل عند تعلم ل1 معدوم عادة، والمشاعر مع ل1 أكثر إيجابية.

التدخل اللغوي:

عندما يتعلم المرء ل2 فإنه يتعرض لتدخل ل1. ويظهر التدخل عند أداء ل2 فنرى فيها أثاراً لتدخل ل1. ويسير التدخل من اللغة الأكثر هيمنة إلى اللغة الأقل هيمنة لدى الفرد. فإذا كان الفرد يتقن ل1 أكثر من ل2 نرى التدخل يسير غالباً مع ل1 نحو ل2، وإذا كانت ل2 هي الأكثر إتقاناً لديه فإن التدخل يسير غالباً من ل2 إلى ل1. والتدخل في الواقع هو انتقال سلبي لأن التدخل ظاهرة غير مرغوبة في الأداء اللغوي، بالرغم من أنها ظاهرة موجودة لا مناص منها في معظم الحالات.

وقد يحدث التدخل من لهجة إلى لهجة في اللغة ذاتها، كأن تتدخل العامية في الفصيحة أو الفصيحة في العامية. ويدعى هذا التدخل تدخلاً داخلياً. ولكن إذا كان التدخل من لغة إلى أخرى فإن ذلك يدعى تدخلاً خارجياً. وقد يتخذ التدخل شكلاً احتيالياً ذكياً فيدعى التدخل السلبي. في هذه الحالة، يتجنب الفرد المفردات أو التراكيب التي يخشى الخطأ فيها.

ويتخذ التدخل أشكالاً متنوعة منها:

1- التدخل الصوتي. هنا ينطق الفرد صوتاً من ل2 مثل صوت يقاربه من ل1. مثال ذلك العربي الذي ينطق / v / مثل / ف / أو ينطق / p / مثل / ب / أو ينطق / e / مثل الكسرة.

2- التدخل الصرفي. قد يجمع الفرد الاسم أو يثنيه في ل2 مثلما اعتاد أن يفعل في ل1، على سبيل المثال. هنا تتدخل القوانين الصرفية في ل1 في القوانين الموازية لها في ل2.

3- التدخل المفرداتي. هنا تدخل كلمة من ل1 في ل2 أو من ل2 في ل1. وأكثر الكلمات تدخلاً هي الأسماء، ثم الأفعال، ثم الصفات. وأقلها تدخلاً هي الكلمات الوظيفية مثل حروف الجر والعطف.

4- التدخل النحوي. هنا تتدخل التراكيب النحوية من ل1 في ل2 أو من ل2 في ل1. مثال ذلك ترتيب الكلمات أو إضافتها أو حذفها.

5- التدخل الدلالي. هنا قد ينتقل معنى كلمة من ل1 إلى معنى مقابلتها في ل2. فقد تنتقل المعاني الوجدانية مع الكلمة رغم أن الكلمة في ل1 تختلف عن نظيرتها في ل2.

6- التدخل الحركي. هنا قد ينقل المتكلم الحركات المصاحبة لأداء ل1 إلى ل2 أو بالعكس. وهذه تشمل حركات الأصابع واليدين والرأس والعينين والذراعين والجسم.

الدماغ ثنائي اللغة:

كيف تتخزن ل1 ول2 في الدماغ؟ هل هناك نظام تخزين واحد أم نظامان؟ هل هناك فروق بين الدماغ أحادي اللغة والدماغ ثنائي اللغة؟

هناك فرضيتان بشأن تخزين اللغتين في الدماغ. الفرضية الأولى هي فرضية التخزين المشترك، التي ترى أن هناك معجماً ذهنياً واحداً يجمع مفردات ل1 و ل2، ولكن هذا المعجم يسم كل كلمة باللغة التي تنتمي إليها لتسهيل عمليات الاستعادة عند الفهم أو التعبير. ولقد قَدَّم العلماء براهين لدعم هذه الفرضية على شكل تجارب مع قوائم الكلمات. ولا مجال تهنا للخوض في تفاصيل هذه التجارب. والفرضية الثانية هي فرضية التخزين المستقل، التي ترى أن كل لغة تخزن في الدماغ في معجم ذهني مستقل عن معجم اللغة الأخرى. ولأنصار هذه الفرضية براهينهم أيضاً.

الحبسة لدى ثنائيي اللغة:

في بعض الحالات، كانت تحدث حالات حبسة (نسيان اللغتين) لدى ثنائيي اللغة بسبب حادث أو حالة نفسية. وبعد فترة كان المصاب يشفى كلياً أو جزئياً من حالة الحبسة. ولكن الشفاء لم يكن على نسق واحد. أحياناً تكون الاستعادة متوازية، أي يستعيد المرء ل1 و ل2 بنفس الدرجة وفي آن واحد. وأحياناً تكون الاستعادة متباينة، أي يستعيد المرء لغة قبل أخرى وبدرجة أفضل من الأخرى. وأحياناً يستعيد المرء ل1 ولا يستعيد ل2 أو يستعيد ل2 دون ل1، وهذه استعادة انتقائية. وهناك حالات من الاستعادة المتتابعة: تستعاد لغة بعد إتمام استعادة اللغة الأخرى. وهناك حالات من الاستعادة المتعادية المتناوبة: عندما يستعيد المرء ل1 ينسى ل2 وعندما يستعيد ل2 ينسى ل1. وهناك حالة الاستعادة المختلطة: يستعيد المرء ل1 ول2 في حالة اختلاط حيث لا يستطيع الفصل بينهما إذ يستعملها في كل جملة كلاماً أو كتابة.

وقد حاول العلماء تفسير سبب تباين حالات الاستعادة. فجاءت محاولاتهم على شكل فرضيات مختلفة:

1- فرضية الأوَّلية. ترى هذه الفرضية أن اللغة التي تعلمها المرء أولاً يستعيدها أولاً أو بدرجة أكمل.

2- فرضية الاستخدام الأكثر. ترى هذه الفرضية أن المهم ليس هو أولية التعلم، بل شيوع الاستخدام. وترى أن اللغة المهيمنة لدى الفرد هي التي تستعاد أولاً.

3- فرضية الحالة النفسية. ترى هذه الفرضية أن استعادة اللغة أو عدم استعادتها مرتبط بالحالة النفسية للمريض قبل الإصابة مباشرة أو بعدها. فإذا كره المصاب شخصاً قبل الإصابة فإن استعادة لغة ذلك الشخص تتأخر. وإذا

كان المصاب راضياً عن شخص ذي ل1 قبل الإصابة مباشرة فإن هذا يقوي فرصة ل1 في الاستعادة السريعة.

4- فرضية التعرض. ترى هذه النظرية أن المصاب يستعيد على نحو أسرع اللغة التي يسمعها أكثر أثناء إصابته من زائريه أو أطبائه أو ممرضيه.

5- مدى المعرفة اللغوية. هذه الفرضية ترى أن أولية الاستعادة تكون للغة التي يعرف المصاب منها مهارات أكثر. إذا كان المصاب يعرف ل1 كلاماً فقط ويعرف ل2 كلاماً وقراءة وكتابة فإن ل2 تسبق ل1 في الاستعادة غالباً.

جانبية اللغة:

لقد دلت الأبحاث على أن اللغة لدى أحادي اللغة يسيطر عليها الجانب الأيسر من الدماغ. ويصدق هذا على الأشخاص اليُمْن، أي الذين يستخدمون يدهم اليمنى. أما الذين يستخدمون اليد اليسرى، فإن اللغة لديهم يسيطر عليها الجانب الأيمن من الدماغ. ولقد ثبت ذلك من نتائج جراحة الدماغ: إذا نزع الجانب الأيسر من الدماغ في بعض الجراحات كانت اللغة تتعطل إنتاجاً واستقبالاً، وإذا نزع الجانب الأيمن منه لم تكن مهارات اللغة تصاب بأي خلل. كما ثبت ذلك من نتائج التخدير الموضوعي: إذا خدِّر النصف الأيمن من الدماغ لا يتأثر الأداء اللغوي، ولكن إذا خُدِّر النصف الأيسر يتعطل الأداء اللغوي. هذا حال أحاديي اللغة.

فما حال ثنائيي اللغة؟ هل يهيمن على لغاتهم النصف الأيسر أم النصف الأيمن من الدماغ؟ لقد جاءت إجابات الباحثين متباينة بشأن هذه المسألة:

1- وجد بعض الباحثين أن ثنائيي اللغة يستخدمون النصف الأيمن من الدماغ أكثر من أحاديي اللغة بشكل عام.

2- وجد بعض الباحثين أن المسألة مرتبطة بزمن تعلم لـ2. فإذا اكتسب المرء لـ2 في وقت مبكر، أي قبل ± 11 عاماً، فإن الهيمنة تتمركز في الجانب الأيسرـ وإذا كان اكتساب لـ2 متأخراً أي بعد ± 11 عاماً، فإن الهيمنة تتمركز في الجانب الأيمن من الدماغ.

3- هناك بحوث أخرى وضعت فرضية المرحلة. وترى هذه الفرضية أنه في المرحلة الأولى لاكتساب لـ2 ينشط دور النصف الأيمن وأنه عند إتقان لـ2 يتوقف دور النصف الأيمن وتتحول الهيمنة كلية إلى النصف الأيسر.

4- وهناك بحوث ربطت بين مركز الهيمنة وطريقة تعلم لـ2. إذا كانت لـ2 قد تُعلِّمت بطريقة طبيعية فالهيمنة للنصف الأيمن أكثر منها للنصف الأيسرـ وإذا كانت قد تُعلِّمت في غرفة الصف فالهيمنة بشكل رئيسي للنصف الأيسر.

5- وهناك دراسات دلت على أن معظم الناس (80% منهم) تكون الهيمنة اللغوية لديهم في النصف الأيسر من الدماغ، لا فرق في ذلك بين الأحاديين والثنائيين.

أسئلة وتمارين

1- ما العوامل المحتملة التي يمكن أن تعيق اكتساب الطفل للغته الأولى؟

2- ما دور الحواس في اكتساب اللغة؟

3- ما هي المراكز اللغوية في الدماغ؟

4- كيف يحدد العلماء مواقع المراكز اللغوية في الدماغ؟

5- يتجه النمو اللغوي لدى الطفل من السهل إلى المركب. أعط أمثلة تثبت هذا القول.

6- راقب طفلاً دون الخامسة من العمر. دوِّن ما يقوله خلال ساعة من الزمن. ثم حلل ما قاله ودوِّن استنتاجاتك في ضوء النمو اللغوي لدى الأطفال.

7- كيف تتطور قواعد اللغة لدى الطفل؟

8- كيف تنمو مفردات الطفل؟

9- كيف يكتسب الطفل المعاني؟

10- قيِّم نظريات اكتساب اللغة الأربع. بيِّن رأيك في كل نظرية منها.

11- ما الفروق بين اكتساب ل1 واكتساب ل2؟

12- ماذا نقصد بالمصطلحات الآتية: البيئة اللغوية الاصطناعية، كمية التعرض، التدخل، الانتقال السلبي، التدخل الداخلي، التدخل السلبي؟

13- ما أنواع التدخل اللغوي؟

14- ما هي فرضيات تفسير الاستعادة في حالات الحبسة؟

15- عَرِّف المصطلحات الآتية: الحبسة، الاستعادة المتاوازية، الاستعادة المتتابعة، الاستعادة الانتقائية، الاستعادة المتعادية المتناوبة، الاستعادة المختلطة.

16- هل يختلف الدماغ أحادي اللغة عن الدماغ ثنائي اللغة؟ وكيف؟

مراجع

باي، ماريو. أسس علم اللغة. (ترجمة أحمد مختار عمر). القاهرة: عالم الكتاب.

الحناش، محمد. البنيوية في اللسانيات. الدار البيضاء: الرشاد الحديثة.

الخولي، محمد علي. الحياة مع لغتين. عّمَّان، الأردن: دار الفلاح.

الخولي، محمد علي. الأصوات اللغوية. عَمَّان، الأردن: دار الفلاح.

الخولي، محمد علي. التراكيب الشائعة في اللغة العربية. عمان الأردن: دار الفلاح.

الخولي، محمد علي. قواعد تحويلية للغة العربية. الرياض: دار المريخ.

الخولي، محمد علي. دراسات لغوية. الرياض: دار العلوم،

شاهين، توفيق محمد. علم اللغة العام. القاهرة: مكتبة وهبة،

عمر، أحمد مختار. علم الدلالة. الكويت: مكتبة دار العروبة.

منصور، عبد المجيدز علم اللغة النفسي. الرياض: جامعة الملك سعود.

مونان، جورج. علم اللغة في القرن العشرين. (ترجمة نجيب غزاوي).
دمشق: وزارة التعليم العالي.

وافي، علي عبد الواحد. علم اللغة. القاهرة: دار نهضة مصر.

وافي، علي عبد الواحد. فقه اللغة. القاهرة: دار نهضة مصر.

Alkhuli, Muhammad Ali. A Contrastive Transformational: Grammar: Arabic and English The Hague: Brill.

Anderson, S. R. The Organization of Phonology. N. Y. :Academic press.

Aronoff, M. Word Formation in Generative Grammar. Cambridge, Mass. MIT press.

Chomsky, N. Syntactic Structures. The Hague: Mouton.

Comrie, B. (ed.). The world's Major Languages. N. Y. :Oxford University Press.

Fodor, J. A., and T. G. Bever. The Psychology of Language. N. Y. : Mc Graw – Hill.

Formkin, V. , and R. Rodman An Introduction to Language. N. Y. : Holt , Rinehart and Wonston.

Hughes, J. The Science of Language. N. Y. : Random House.

Hurford, J. R., and B. Heasley. Semantics Campridge, England: Campridge University Press.

Katzner, K. The Languages of the World. London : Routeledge & Kegan Paul.

Ladefoged, P. A Course in Phonetics. Fort Worth : Harcourt Brace Jovanovich.

Lyons, John. Introduction to Theoretical Linguistics. London : Cambridge University Press.

----------- . Semantics. Cambridge, England : Campridge Univ. Press.

Radford, A. Transformational Grammar. N. Y. : Cambridge Univ. Press.

Sledd, James. A Short Introduction to English Grammar. Chicago: Scott, Foresman & Co.

Spencer, A. Morphological Theory. London : Basil Blackwell.

Springer, S. P. and G. Deutch. Left Brain, Right Brain. San Francisco, Calif. : W. H. Freeman.

Trudgill, P. Sociolinguistics. Middlesex, England : Penguin Books.

Wanner, E. and L. Gleitman (eds.). Language Acquisition. Cambridge, England : Cambridge University Press.

كشف الموضوعات

كتب المؤلف

1- A Dictionary Of Islamic Terms : English – Arabic & Arabic – English

2- Simplified English Grammar

3- A Dictionary of of Education : English - Arabic

4- A Dictionary of Theoretical Linguistics : English – Arabic

5- A Dictionary of Applied Linguistics : English – Arabic.

6- Teaching English to Arab students

7- A Workbook for English Teaching Practice

8- Programmed TEFL Methodology

9- The Teacher of English

10- Improve your English

11- A Workpook for English

12- Advance Your English

13- An Introduction to Linguistics

14- Comparative Linguistics : English and Arabic

15- A Contrastive Transformational Grammar : English – Arabic

16- The Light of Islam

17- The Need for Islam

18- Traditions of Propher Muhammad / B 1

19- Traditions of Propher Muhammad / B 2

20- The Truth about Jesus Christ

21- Islam and Christianity

22- Questions and Answers about Islam

23- Learn Arabic by Yourself

24- The Plessing of Islam

25- Why have they chosen islam?

26- The Creses of Western Civilization

27- A Comparison between the Four Gospels

28- دليل الطالب في التربية العملية

29- الأصوات اللغوية

30- تعليم اللغة

31- الحياة مع لغتين

32- تعلم الإملاء بنفسك

33- المهارات الدراسية

34- أساليب تدريس اللغة العربية

35- دراسات لغوية

36- معجم علم الأصوات (عربي - عربي)

37- التراكيب الشائعة في اللغة العربية

38- قواعد تحويلية للغة العربية

39- مدخل إلى علم اللغة

40- كيف تكتب بحثاً

41- الاختبارات التحصيلية

42- حقيقة عيسى المسيح

43- مقارنة بين الأناجيل الأربعة

44- البريق الزائف للحضارة الغربية

45- التحريف في التوراة

46- اليهود من كتابهم

47- الإسلام والنصرانية: دراسة مقارنة